作文就如做菜

卜雨音 著

文匯出版社

序一
这是需要智慧的

朱建人

当卜老师将她的新作《作文就如做菜》书稿发给我时，我是十分好奇的——是什么样的机理能把作文和做菜两件毫不相干的事关联起来的？“鸡毛菜也是菜”说的是一个什么道理呢？“没有一个菜名叫‘一碗有营养的汤’吧？”又是怎么回事……我是怀着一种猜测的心态开始这本书的阅读的。

随着阅读的持续，那些疑惑便一点点地解开了。卜老师以叙事的方式把写作的道理融入一个个故事之中，并且以做菜为喻体渐次展开，娓娓道来，进而把原本极难说清楚道明白的写作原理深入浅出地表达出来，这对作文的教学者和学习者而言，是一种很好的启迪。

能把一个道理说得谁都听得懂，这是需要智慧的。这种智慧通常是从生活这本大书中获得的；能把作文与做菜的道理做如此巧妙的类比，让人豁然开朗，这是需要相当的功夫的。这样的功夫都是在长期的实践中慢慢积淀起来的！卜雨音老师是个生活的有心人，更是作文教学的有心人。十分重要的一点，她自己就是一个阅读和写作达人。这或许就是卜雨音老师的过人之处。“书到用时方恨少，事非经过不知难。”有了自我真切的亲历和体悟，才会有自如贴切的写作。如此，教师就会把对学生的写作指导当成与朋友知己的交流，相互切磋的是文字世界的美好。当下不少语文教师对学生作文居高临下式的指导，以及对学生作文武断式的评判，恰恰是缘于自己缺乏必要的写作经历和写作能力——一个语文老师不必是一位高级的“厨师”，但必须是一位出色的“美食家”。这位“美食家”必须清楚每一道“美食”的烹饪过程，并且还时不时地需要亲自操刀去用心体悟一番，否则，对“美食”几乎是没有任何话语权的。事实上，有太多的语文教师平日里是既不“买菜”，也很少进“厨房”的，长此以往，哪来作文教学的话语权？于是，只能将考试评分标准生搬硬套到学生作文的评改中去，把原本生动鲜活的语言活动弄得索然无味，使学生视作文为畏途。如此怎能让学生喜欢写作？更何谈把作文写好？

因此，经常在“菜市场”和“厨房”中进进出出的卜雨音老师脑洞大开地写成了这么一本作文“烹饪”书，对摸不着作文窍门的诸多学生和老师而言，无疑是大有裨益的。

如若把卜雨音老师这本书视作一桌菜，那可以是什么？应该是许多碟不同食材的“江南小炒”——哪碟菜都清新可口，哪碟菜都色香味俱佳，哪碟菜都令人品味再三！

“作文就如做菜”，善哉，斯言！

（本文作者为中国陶行知研究会副秘书长、浙江省陶行知研究会副会长）

序二
作文，So easy

于 泽

作文怎么写?

在读卜雨音老师新作《作文就如做菜》之前，我确实没认真想过这个问题。

遥想当年，学生时代，写作文，更多的是被动，是在完成一个不得不完成的任务。

每次语文考试，不管你喜不喜欢，愿不愿意，作文都不会缺席，即使你咬牙切齿，哪怕你深恶痛绝，它仍是冷笑着埋伏在试卷的最后，抛出一个总是让你意想不到的题目，留给你一排排陷阱一般的格子。格子虽小，可架不住数量多啊！你得按照要求把它们填满：300字，500字，800字……老天，那是一种怎样的悲哀和无奈啊！

绞尽脑汁也好，搜肠刮肚也罢，你恨意丛生却不得不屈服。占总分30%的分数呢，有几个人敢大义凛然地丢弃?

所以，纵使有再多的无奈，可还是得硬着头皮闭门造车，没办法，肚子里没货啊！书店里倒是有各种作文选，可读来读去也就是那样，满满的都是套路。有用吗？未必！不然，怎么会有那么多的人在写作文时抓耳挠腮？

天可怜见，离开校园那么久了，竟然有幸遇到这本讲怎样写作文的好书。把作文比作做菜，那脑洞要开得多大！不过，读了此书，你不得不佩服，把做菜和作文关联起来，从做菜处借得一些作文的方法，好学又易懂，简直是太妙了！

《作文就如做菜》通篇共6万多字，一口气读下来，细细咀嚼，滋味确实是不错的。如果必须用最简练的词语来概括，窃以为，非“有趣”“易懂”莫属。

文章很有趣！我最喜欢文中的那些名字，想想都觉得有趣。

比如说开篇。办公室竟然名为“半亩塘”，不用说，肯定是取自朱熹老夫子的《观书有感》了。再往下看，果然，真的是这样的出典。这样的名字可比什么“某年级办公室”有趣多了，不但没有那种学生天生对老师办公室的恐惧感，反倒是让人期待，这个“半亩塘”会发生什么样的故事呢？

老师的办公室叫“半亩塘”，那教室叫什么呢？哈哈，竟然是“百草园”！毫无疑问，这个和鲁迅先生有关了。很可惜，读到最后，也没有看到“三味书屋”的出现，大概那里没有“拗过去拗过去”的老师吧？

有塘，有园，怎么能缺得了最重要的人呢？于是，各种有趣的人物出现了：“半亩塘”里竟然有“萝卜”“洋葱”“西红柿”“小葱”，“百草园”就更好玩了：

萝卜老师笑道：“是啊，百草园中，每一个学生也都有自己的雅称。比如，萝卜丝、胡萝卜、水萝卜、蘑菇、山药蛋、芋头……”

最好玩儿的是下面这段：

西红柿老师道：“很简单，因为他们是萝卜老师的粉丝呗，所以一个叫萝卜丝，另一个叫胡萝卜，还有一个叫水萝卜。本来那胡萝卜想叫萝卜丝饼的，但是，萝卜丝不同意，她说，这样你就把我夹在饼中间了，我要闷死的。好玩不?”

除了有趣，文章另一个看点是“易懂”。整本书并没有什么“高谈阔论”，只是一个从事教学工作近40年的语文老师用自己的教学经验，结合教学中发现的事例，真实而生动地告诉学生——“作文就像做菜”，想要写好作文，其实并不难。

比如，书中讲，拟题很重要，要抓住文章的“眉”和“眼”：

题目是一篇文章的眉眼，作文的拟题要像菜名学习，不要太空泛，要有针对性，要形象、有创意。

题目选好了，接下来就是题材。感觉没题材可写怎么办？生活中有啊！只要细细回味生活，肯定能找到合适的题材：

经常做菜的人，总会有这样的困扰——下一顿吃什么菜好？貌似吃来吃去就这么几个菜。学生作文也有类似的苦恼：写什么呀，写什么好呢？没什么题材供我写呀。但是，做菜的人一到菜场，在那么多水产品、肉类、蔬菜中，总能挑到晚上要吃的菜。同样的道理，学生作文，你只要引导他们细细回味生活，他们肯定能找到合适的题材。况且，生活比菜场丰富多了——

题材是不是越大越好？是不是一定要描写一些惊天动地、荡气回肠的大事呢？显然不是：

只要有生活，就有习作的题材。山珍海味我们可能偶尔品尝几次，出现在我们餐桌上的，更多的是家常菜。就像菜场里不起眼的鸡毛菜，也是富有营养且很受欢迎的菜。同样的道理，并不是写了大事好事才算是好作文。我们完全可以写一写生活中的鸡毛蒜皮，因为生活中不可能经常有大事发生，发生在我们身边的，一般都是一些芝麻绿豆的小事。

最让人关心的一点，如何实现作文字数的增长，使作文从

“骨感”变得“丰满”呢?

我们要像水发木耳一样，用语言、动作、神态、外貌、心理活动等描写，把干巴巴的木耳发成饱满的花朵。

……

掩卷。

从做菜处偷一些技巧过来吧。如果你把这些技巧糅合在作文中，你会惊喜地发现，你的作文在不知不觉中竟然变得活色生香起来。

作文，好像真的可以说“So easy”啊!

前　言

我做了近40年小学语文老师，发现真正喜欢语文的学生不是很多。阅读和习作一直被许多学生视为语文学习的两大畏途，特别是习作，令无数的小朋友苦恼不已。老师一布置习作作业，同学们的第一个反应就是，怎么又要写作文啊，写什么呀？我写不出。绞尽了脑汁，终于绞出了作文题材，接下去又开始抓耳挠腮，怎么写啊？开头怎么写，中间怎么写，结尾又怎么写。可是，不会写也得写啊，作业总要完成的。好不容易写完了，一看，呀，字数怎么那么少，老师那儿肯定通不过。唉，作文啊作文，你怎么不让人欢喜只叫人愁呢！

鉴于同学们的这种情况，我在作文教学方面着实动了一些脑筋。其中之一，就是同学们写，我也写，写“教师下水文”。同学们觉得写起来有困难，我就在他们面前做个样子。这方法还很管用，有些学生学着学着还真体会到了写作的乐趣，然后主动地开始每天写日记。他们写出来的作文自然、率真、有趣，好似一杯杯小朋友爱喝的可乐，老师、家长、学生自己都满意。

后来我想，老师只是领进门，修行还得靠自己，老师不能一辈子做学生的拐杖。那么，怎样避免学生在修行过程中出现一些问题呢？暑假的一天，我在炖排骨的时候，突然灵光一闪：我们写作文不就像做菜一样吗？做菜的食材就像习作的素材，菜名就像作文的题目，切成的一段段菜，就像作文的一个个段落，油盐酱醋等调味品就像作文中的描写、修辞，起锅就如一篇作文的杀青，食客品菜就如读者品读……

既然做菜和作文有那么多相似之处，那么，我们何不从做菜那儿偷学点东西，用到作文上来？岁月倏忽，如白驹过隙，还等什么呢？好，这就开始我们的“做菜作文”之旅吧！

目　录

小葱移栽半亩塘

暑假结束了，学生都往上升一个年级了。但是，半亩塘办公室还是“半亩塘”，并没有因为过了一学年就变成了“一亩塘”。

新学期伊始，半亩塘一片热闹，大家整理的整理，打扫的打扫。

“来来来，新同事来了，”教导主任锅盖头带着一位青春美少女来到半亩塘门口，“给你们介绍一下，这是何婕老师，这学年担任四年级 4 班的语文老师兼班主任。”

“欢迎欢迎！”正在忙碌的其他三位老师停下手，打量着这位新同事。只见她高高瘦瘦的样子，瓜子脸，马尾辫，穿着一件葱绿色的连衣裙，背着个双肩包，乍一看，像个高中生的样子。

“小何，我给你介绍一下这几位老师。”锅盖头指着卜牧野，“这是卜老师，1 班的语文老师。她是我们学校经验很丰富的语文老师，你今后有什么问题尽管向她请教。”

“卜老师好！”鞠了一个躬，拿眼一看，看到的是一位五十来岁的女教师，戴着眼镜，梳着一个髻，着一件中式斜襟衫，有些婉约的味道。

锅盖头又指着杨惠道："这位是杨老师，资深语文老师，有二十来年的教学经验，有事多请教她。哦，补充一点，她是3班的语文老师兼班主任。"

"杨老师好！"又鞠了一个躬。抬起头来，见一位微微发福的中年女子朝着她笑。

锅盖头又指着一位穿着红色T恤、牛仔裤的帅哥说："这位是我们的大帅哥李天畅老师，和你毕业于同一所学校，在我们学校也做了四五年了吧？"

"三年。2班的语文老师。"李天畅纠正道。

"李学长好！"还是一个躬。

"鞠躬鞠累了吧，来，这是你的办公桌，坐！刚才已经擦干净了。"

"谢谢卜老师，今后请多多关照。"

"哎呀，谢什么呀，进了这个门，就是一家人。今后不用客气，有什么困难尽管说。"

锅盖头主任介绍完毕，就走了。李天畅老师赶紧对何婕说："小学妹，刚才锅盖头是官方介绍，我现在正式地非官方重新介绍过。"

何婕一愣："锅盖头？"

"就是领你来的教导主任。你看他的头发，就这么一圈，像不像一个锅盖？"李天畅在自己的头上比画了一下。

何婕“扑哧”笑出了声：“可以这样叫啊？”

“当然可以啦！这是昵称啊！来来来，我们重新认识一下，这位卜老师昵称为萝卜老师，杨老师我们叫她洋葱老师，我呢，昵称很多，有时是西红柿老师，有时是番茄老师，有时是‘偷马偷’老师。”

“怎么是‘偷马偷’？”

“哎，西红柿的英文发音是不是‘偷马偷’？这还算好的。有一次，学生一不小心，把我叫作‘偷马桶’老师。”

“哈哈哈哈……”大家都笑起来。

萝卜老师止住笑，一本正经道：“小何，你到了我们这里，也要入校随俗哦。想一想你的昵称，你想把自己叫成什么老师？”

“我？还算不上什么葱吧？”

“到了这里，你就可以算作一根葱了！哎——有了！”偷马偷夸张地叫起来，“你就叫小葱老师！怎么样？”

“这个昵称很不错！就叫小葱老师！哈哈，我是洋葱，你是小葱，两棵葱！葱葱。”洋葱老师很高兴，仿佛在茫茫人海中找到了遗失多年的小妹。

何婕欢喜道：“嗯，好啊！小葱老师！我喜欢。”

“还有，我们办公室的官方名称是四年级办公室，昵称是‘半亩塘’。欢迎小葱移栽在我们半亩塘。”萝卜老师赶紧补充。

“为什么叫半亩塘？”小葱一下子被这么多信息砸晕了。

“这名称有来历的。出自朱熹的《观书有感》：‘半亩方塘一鉴开，天光云影共徘徊。’我们在半亩塘里备课批作业读书引活水，学生在百草园里学习做作业读书快乐成长。”

“你们的教室叫百草园?”这次，小葱领悟得比较迅速了。

萝卜老师笑道：“是啊，百草园中，每一个学生也都有自己的雅称。比如，萝卜丝、胡萝卜、水萝卜、蘑菇、山药蛋、芋头……”

“哇！你们学校怎么这么好玩!”小葱激动起来。

“喂！小葱学妹，注意用词！什么‘你们’学校？要说‘我们’学校！你现在是我们的一员。”

“哦，对对对，sorry。为什么有那么多的萝卜?”

西红柿老师道：“很简单，因为他们是萝卜老师的粉丝呗，所以一个叫萝卜丝，另一个叫胡萝卜，还有一个叫水萝卜。本来那胡萝卜想叫萝卜丝饼的，但是，萝卜丝不同意，她说，这样你就把我夹在饼中间了，我要闷死的。好玩不?”

“太好玩了，和巴学园有的一拼。”

“那当然，我觉得比巴学园还好玩！巴学园的校长叫小林校长吧？你知道我们的校长叫什么?”西红柿眉飞色舞。

“什么?”

“菱角校长!”

“哈哈——”

“你知道萝卜老师的搭班老师、1班的班主任的昵称是什么吗？说出来乐死你!”

“什么啊?”小葱一脸好奇。

“青菜!”

“青菜？哈哈哈，萝卜青菜！好玩好玩，我爱死你们——哦——我们这个学校啦!”

萝卜老师敲黑板

你听说过吗，办公室有叫“半亩塘”的，教室有叫“百草园”的？你还听说过吗，老师居然可以不叫“张老师”“李老师”，而可以叫作“萝卜老师”“青菜老师”？你“又双叒”听说过吗，班里的同学可以叫“萝卜丝”“蘑菇”“山药蛋”？哇，这里的老师同学太可爱了呀！你喜欢吗？不许不喜欢哦！

好，既然喜欢，就要向他们学习。来来来，想一想，你想给你们的班级取一个什么样的名字？或者，你想给你们的老师取个什么昵称（注意，是昵称，不是绰号）？

百草园来了棵金钱草

转眼间，就到了学生报到的日子了。青菜告诉萝卜："这学期，我们转来了一名新生，叫金钱。"

"啊？金钱?"萝卜一听，乐了，"嗯，这名字好直接。是男生吧?"

"哈哈，看到这个名字，我乐了半天。我想，这名字太好玩了。今后，我们让隔壁班的学生去叫金钱，那学生可能会蒙圈，啊？金钱还能叫来啊？哈哈哈……他是男生，是从河南转过来的。"

"我去教室看看。"萝卜老师抬腿就往外走。

"我也正要去。"青菜紧走几步。

两人到了教室，青菜老师往讲台前一站，开始新学期第一讲："一个暑假过去了，有的同学长高了，有的同学长胖了。欢迎你们回到校园。同学们，从今天开始，新的学期正式开始了！除了山药蛋同学还在回来的路上，其他同学都已经来报到了。这学期，我们班新转来一名同学，名叫金钱——"青菜老师的话还没说完，同学们就"哄"的一下笑了起来。

“金钱嘛，是用来喜欢的，不是用来笑的，对吗？”青菜老师一本正经地，似乎忘记了她刚才在办公室里是怎样乐不可支，“金钱同学，站起来让大家认识一下。”

虽然同学们早就发现他的存在了，但这时都齐刷刷地往后转去，再睹金钱真面目。萝卜老师一定睛，见后排站起一个高个子男生，五官明朗，头发却是蓬作一团。

“好，金钱同学请坐下。下面请班长水萝卜向金钱同学介绍一下我们的班级情况。”

长着一双大眼睛、胖身体胖脸的水萝卜站了起来：“我们班一共 37 名同学，现在加上金钱同学，一共 38 名同学。”

“哈哈，三八……”辣椒忍不住笑了起来。他这一笑，全班同学也跟着笑起来。水萝卜见大家笑了，涨红了脸，眼眶里竟有了泪意。

“辣椒，都是你不好啦！班长又要哭了。”萝卜丝立刻谴责辣椒，主持正义。

听萝卜丝这么一说，班长索性一屁股坐了下去，扑在桌上，眼泪一串串地往桌上掉。青菜老师一看，哟，过了一个暑假，这水萝卜的脾性还真是一点也没改，芝麻大的小事都能引得他的大雨滂沱，忙过去安慰他。萝卜老师道：“三七还是药呢。谢谢金钱同学，使我们从三七变成了三八，档次一下子就上去了，对不对啊？下面，请萝卜丝接着介绍。”

“我们这个班有个很好听的名字，叫百草园。园主是高老师，教我们这些花花草草学英语；副园主是卜老师，教我们语文。我们班每个同学都有一个昵称，噢，不对，老师也有昵称，我们高老师的昵称是青菜，我们卜老师的昵称是萝卜。因为我班的好多同学是萝卜老师的粉丝，所以，我们的一些同学的昵称中带有‘萝卜’，像我，就叫萝卜丝，班长叫水萝卜。他为什么叫水萝卜呢？因为他很爱哭……”忽然，她意识到什么，忙捂住嘴，看向水班长，“Sorry，我道歉。”

萝卜丝道完歉，担心地看了看水班长，还好还好，水萝卜虽然眼泪汪汪，但屏住了没有继续哭下去。青菜老师道：“刚才萝卜丝介绍得很不错，接下去请同学们向金钱同学介绍一下自己吧。谁第一个来？”

“我来！”辣椒没等老师喊他，就自顾自介绍起来，“我叫王浩，昵称辣椒。为什么叫辣椒呢？因为我说话的时候有点冲，同学们就说我像辣椒。我体育很好，羽毛球经常能拿名次，跑步跑得很快的。金钱，我们或许能成为朋友。”

“我来介绍，我叫蘑菇。你看我这脑袋，那么圆，像不像一个蘑菇？”蘑菇甩了一下他的头，“我的强项是数学，今后你数学上有什么问题，尽管来问我。”

胡萝卜站了起来：“金钱同学，欢迎你来到百草园。我是胡萝卜，是萝卜老师的铁杆粉丝。我觉得你很幸运，转到了我们这个班。我们百草园的作文很厉害的，一半以上同学的作文在报纸上刊登过，很多同学在作文比赛中拿到过大奖。上次我们水班长的作文得了省里的一等奖，拿到了一千元的奖金呢！”

“对对对！他给我们每人买了一盒德芙巧克力呢！”

青菜老师看了看时间："嗯，时间差不多了，今天先介绍到这里，以后我们慢慢熟悉。金钱，是不是也给自己拟个昵称？"

大家又向金钱看去，金钱低着头，不响。

青菜老师见状，便道："要不，你们帮助拟一个？"

"芹菜？"

"不行，芹菜已经有了！"

"冬瓜？"

"你们看他像冬瓜吗？"

……

"嗯……要不，叫金钱草？"萝卜老师沉思了一下，建议道。

"金钱草，好！"同学们叫起好来。

"金钱，你觉得呢？"青菜老师问。

金钱抬起头来，眼睛亮亮的，脸上露出一丝笑意："好的。"

"嗯，今天很不错，百草园迎来一棵金钱草。金钱草，愿你在百草园快乐地成长。"萝卜老师笑盈盈的，忽然话锋一转，"同学们，开学了！你们的心回来了吗？还有，我想知道，你们的暑假作业完成得怎样？"

萝卜丝站起来："都完成了！已经收起来了。"

"哟，萝卜丝，长高了呢！"萝卜老师笑道，"再过一年，要超过我了。"

"老师你看，我也长高了。"说话的是蒲公英，她站起来给老师看。

"我也长高了！"

“我长了 3 厘米!”

“哗”的一下，全都站起来了。萝卜老师一看，又笑了：“真的，你们都长高了许多，就我没长高啊。这样，你们在教室里休息一下，我迫不及待想要看你们的作文了。来，萝卜丝，把暑假作文给我。”

萝卜老师敲黑板

好，现在，我们对百草园有了一个初步的了解：这个班本来有 37 名同学，现在转来了一个名叫“金钱”的同学。班主任是青菜老师，副班主任是萝卜老师。

请闭上眼睛，想象自己成了百草园的一员。你希望和百草园的谁交朋友？是水萝卜、辣椒，还是萝卜丝？

噢，差点忘了，你还没有自己的昵称呢！你想用什么昵称？豌豆？南瓜？还是香菜？啊，你想叫“丁香萝卜”，可以可以，这个昵称还没有被百草园注册。

这作文吧，好像学做菜

“萝卜老师，怎么会写成这个样子?”小葱老师一进办公室，就大声地宣告她的不满。

看着小葱脸上一副急吼吼的样子，萝卜老师笑了：“什么写成了这个样子?”

小葱老师也不放下抱着的那沓本子，急急道：“我让学生写新学期新打算，他们怎么会写成这个样子?”

“嗯，你给我看看。”

小葱老师从那沓本子上拿了几本，递给萝卜老师。

萝卜老师接过本子，翻开其中一本，看了起来。

新学期新打算

新的学期又来了，我在新学期里有以下打算：

1. 认真学习，上课专心听讲，认真完成作业。

2. 遵守小学生守则，不迟到，不早退。

3. 团结同学，尊敬老师，不打人，不骂人。

4. 不挑食，不浪费，认真做好值日生。

5. 积极锻炼身体，积极参加体育活动。

6. 多读书，读好书。

7. 按时完成作业，不抄别人的作业。

8. 要注意绿色环保，不乱扔垃圾，不踩草坪。

再翻另外的几本，看到写的内容大同小异，便问：“你为什么要让学生写新学期新打算呢？”

“我们上学的时候，每到开学，老师就让我们写新学期新打算，我想开学了写写打算蛮好的。再说，后面黑板报也要贴东西的啊。我想，叫学生在学期开始，做一个打算，然后把这些贴到黑板报上去，一举两得。”

“那你觉得学生写的哪些地方令你失望了？”

“写这么一点点，怎么贴啊？”

萝卜老师问：“写之前你指导过学生吗？”

“啊？这个也要指导的吗？我觉得他们会写的。每学期都写的嘛！”

“那不一定哦，像我们班，这学期就没写啊！”

“哦？你们为什么不写？”

萝卜老师慢条斯理地说：“我觉得吧，写这个打算，形式大于内容。”

“什么叫形式大于内容？”

“你小时候写过新学期新打算吧？”

“写过写过，我也写过。”番茄老师和洋葱老师同时道。

萝卜老师说："是啊，我小时候也写过，我也让学生写过。说句实话，我小时候写新学期新打算就是为了完成任务，喊几句口号了事，至于这些打算有没有变成行动，最后有没有实现，没有人去关心。我发现学生写打算也是这个样子，根本没有走心，说几句大话空话完事。形式上他完成了，内容嘛，老师一般不会去细究，学生自己也不打算负责。这种新学期新打算最大的作用就是把后面的黑板报填满——看上去蛮像回事。你们说，这是不是有点形式啊？"

"对哦，萝卜老师，你这样一说，确实是这么回事，过去我都没有想过。"番茄老师一副醍醐灌顶的样子。

"是啊，我们可能习惯了。过去你做学生的时候，是这么写的，你的老师不觉得这样写有什么问题。于是，你也沿用了下来，对不？现在，如果这样写能通过的话，那么，学生就会以为，这样写是没有问题的，今后他大可以照着这样的模式去写，写些大话，写些空话。或者今后他也做了老师，也不会认为这样写有什么问题，大话空话套话就会这样一代代传承下来，畅通无阻。所以，小葱啊，"萝卜老师面向小葱，"这几篇新学期新打算最大的问题不是他们写了多少字，而是，这是不是他们真实的打算？这些学生内心是不是真的这样想的？这些是不是应付你老师的套话？"

"好像是的哦。我都没有想过，我们过去一直这样写，也不觉得有什么不妥。那我今后索性不叫他们写了。"小葱有点懊恼。

“我觉得，写一写也无妨。今后他们走上工作岗位，写计划什么的，也是常规要求，经常要写的。只是，写之前需要指导一下。”

“怎么指导?”三个人异口同声。

“打算怎么做，达到什么目标要写清楚。比如，这个学生写要积极锻炼身体，那要指导他写清楚，他准备就哪些项目进行锻炼？跑步？跳绳？仰卧起坐？游泳？打羽毛球？一周准备锻炼几次？每次锻炼多少时间？预计 800 米跑多少时间？一分钟争取跳多少下绳？还有，这个学生写要多读书，读好书。那么，他应该写清楚，一学期准备读几本书，读哪些书？书名要列出来，读书的时间要列出来。没有这些内容的计划，只能算是套话。”

“萝卜老师，我听着就是要写具体。”洋葱老师道。

“对，这样理解也对，写具体了，就可操作，可检查。到期末的时候，看看自己哪些方面做到了，哪些地方还没有做到，这样，他下次订计划的时候，会考虑自己的实际情况，不会信口开河了。”萝卜老师继续道，“还有，写计划往往会罗列几个点，这几点谁放在前面，谁放在后面，也是有讲究的。比如这篇，应该先讲大的方面，再说小的内容，应把‘遵守小学生守则’放在最前面，对吧？再看这里，团结同学，尊敬老师，应该调换一下，把尊者放到前面来。”

小葱老师有点难为情：“过去我都没有想到这些。”

萝卜老师看着她，意味深长道：“那你现在要想一想喽，过去你不是老师的时候，如果出现问题是你一个人的问题；现在你是老师了，有些问题不去注意，影响的是一个班的学生。你何老师的目光看到哪里，你学生的目光就跟到哪里。”

“那接下来作文指导怎么办？我自己也不大会写，上学的时候，最头痛的就是作文。”小葱老师忧虑起来。

“我觉得，这作文吧，就像学做菜。刚开始学的时候，做出来的菜不是咸了就是淡了，量不是多了就是少了，不是没煮熟就是煮得过头了，甚至有的根本不能吃，只能倒掉。但是，如果多实践，多琢磨，反复地尝试改进，就会积累出一些经验，慢慢地，做的菜也能色香味俱全了，也能让人馋涎欲滴了，甚至会有自己的独门秘籍了。”

番茄有点兴奋：“萝卜老师，萝卜老师！这个讲法很有趣，我怎么没有看到过？”

“哈哈，你当然没有看到过喽！因为这是我在暑假里做菜的时候顿悟到的。”

“就像王阳明格竹[①]？”番茄老师笑。

“我哪有这般的修为？那天我做菜的时候，不知怎么的，联想到了作文，觉得作文和这做菜有许多相似之处。经常做菜的人，总会有这样的困扰——下一顿吃什么菜好？貌似吃来吃去就这么几个菜。学生作文也有类似的苦恼：写什么呀，写什么好呢？没什么题材供我写呀。但是，做菜的人一到菜场，在

① 格：推究，研究。指明代大思想家王阳明年轻时，为了实践朱熹的“格物致知”学说，曾格了七天七夜的竹子，希望格出圣人之理的典故。

那么多水产品、肉类、蔬菜中，总能挑到晚上要吃的菜。同样的道理，学生作文，你只要引导他们细细回味生活，他们肯定能找到合适的题材。况且，生活比菜场丰富多了——”

“可是，”小葱打断了萝卜老师，“我觉得每天的生活是差不多的啊。比如，我们每天8点上班，11点半吃饭，5点下班。上班要做的事情无非是上课、批作业、让学生订正……”

“是的。我们生活中某些时间点上的事可能是固定的，但是，你每天遇到的事情是不一样的。比如，今天你刚才收到的新学期新打算不可能是每天发生的，对吧？你对这些新学期新打算的看法是今天特有的，对吧？”

“哎呀，小葱你不要打断萝卜老师嘛！”番茄有点急了，“我觉得萝卜老师刚才的作文如同做菜的讲法很形象。萝卜老师，继续给我们上课。”

萝卜老师一看表：“马上要上课了，等空的时候再聊这个话题。刚才说要做得一手好菜，必须多练，写作文也一样，想要写好，也必须多练。我是一直让我班的学生写周记的，你们准备写吗？”

“为什么写周记，而不是日记呢？日记不是练得更多吗？”小葱老师问。

“日记的话，天天写，太频繁，我怕不喜欢写的学生产生抵触情绪。你想哦，这些学生本来对作文就没兴趣，这样一来，对作文产生反感就得不偿失了。我想，一周写一篇，在不怎么加重学生的负担的前提下，让他们练练笔。”

“好啊！我觉得可以试一下。那要怎样指导他们？”小葱老师第一个做跟派。

“你或者先摸摸底，什么也不说，让他们自己写，看看他们最原生态的周记是什么样的。”

萝卜老师敲黑板

制订新学期计划，要具体，要可操作，不能写些套话大话。

学作文的过程就像学做菜，先培养兴趣，然后多加练习，慢慢就会写出文通字顺的作文来的。

我们不妨先想一想，自己是否写过类似的大话套话的新学期新打算？这打算到最后是否成了一纸空文？再做一做，写一篇可操作的新学期打算，或者写一篇周记，记录这周内发生的你感兴趣的事。这两个作业二选一哦。

鸡毛菜也是菜

周一，同学们的周记交上来了，萝卜老师开始批阅。这次周记，同学们大多写和开学有关的内容。黄瓜写开学第一天搬书，搬得满头大汗；毛豆写见到久违的同学非常开心；芹菜写这学期最大的心愿就是快快长高，不要再坐在第一排。萝卜丝写的是《开学第一天》，这小女孩写得有点意思，萝卜老师的眼睛在这篇周记上停留的时间长了一些。

开学第一天

第一天到学校，我就找到了那张胖胖的脸和那双小小的眼的主人——香菇。我们又像以前一样在草坪旁玩起来。

我又看到了萝卜老师和青菜老师，她们似乎也沉浸在暑假中，和我们一起说说话，聊聊天。

那熟悉的上课音乐声响起来了，我们都开始了“搬书之旅”，男生们累得满头大汗。青菜老师说：“一个暑假过去了，有的同学长高了，有的同学长胖了。欢迎你们回到校园。”我冲着香菇那又胖了一圈的脸笑笑，百合又对着蹿高了的我笑笑。教室里笑声一片。

在闹哄哄的声音中，萝卜老师走了进来，问我们：“同学们，开学了！你们的心回来了吗？”

我问自己，我的心回来了吗？我的一只脚走进了校园，另一只脚好像还停留在暑假中，打开铅笔盒，看看那支黄色的自动笔，它仿佛也还没有醒来。

“嗬，这篇周记的最后一句写得蛮好玩的。”萝卜老师忍不住赞叹。

“我看看，我看看！”办公室里的其他三位教师围了过来，“哎，真的哎，你们班怎么写得那么好。”

“也不是的，一部分写得平平，有几个写得不错。像这篇周记，题材很新鲜，写的内容也实在，都是些很接地气的东西，所以看着感到很自然很舒服。我觉得，作文选题材和做菜选食材一样，新鲜的总是好的。那些刚从地里摘下来的，真的好吃，像刚采下来的毛豆荚，吃起来有一股甜味，因为它们还连着地气，没有断开。”

“我刚才也批了一部分。萝卜老师，你看看这篇写得怎么样？”小葱老师递过一本本子。

萝卜接过一看，写的是《小草》：

春天，小草长出了叶子，在阳光下笑逐颜开，仿佛在说："谢谢你，谢谢你给予了我生机勃勃的生命，谢谢你给予我光明与温暖！"

有一天，来了一群顽皮的小男孩，把小草踩倒了，但它们没有指责与抱怨，又拼命地往上生长起来。过了几天，它们又挺着身子，享受着温暖的阳光，好像在说："我又长大、长高了！"突然，响起一声闷雷，接着狂风大作，外面下起了大雨，把它们吹得东倒西歪。可怜的小草，被吹倒在了泥土上，但它依旧不灰心，不气馁，努力挺起腰板。在狂风暴雨中不屈向上，茁壮生长！

秋天，秋风来了，小草在残酷无情的霜寒中失去了优美的身姿，它保存起自己的生命，躲进地下，牢牢扎根，等待春风吹又生，等待来年再奋发。

是啊！生命是宝贵的，我们每一个人都要像小草一样拥有顽强的生命力，不怕困难！

萝卜老师皱了皱眉："她怎么选这个题材来写？周记周记，记的是一周内自己经历的，或者看到的、听到的、想到的人或事。这篇貌似也不是他观察到的，一个孩子一般不可能有那么长的性子，观察横跨三个季度。而且，我怎么觉得这篇不像是一个刚刚从三年级升上来的学生能写出来的呢？"说着，她选了"秋天，秋风来了，小草在残酷无情的霜寒中失去了优美的身姿，它保存起自己的生命"这句话，上百度一搜，天哪，一篇一模一样的作文出现在屏幕上。

“啊?”小葱老师倒抽了一口凉气,“抄的?怎么会原封不动地抄一篇来欺骗我!我刚才还觉得这小女孩写得不错,我去把她叫来!”

“等等,不要太急,想想怎么和她说比较好。”

“怎么说?直接批评呗!”“嗵嗵嗵”,跑了出去。

一会儿,一个小女孩跟着小葱老师来到办公室。小葱老师摊开周记本,大声道:“你说,这篇周记怎么来的?”

“我自己写的。”小女孩小声道。

“再给你一次机会,实事求是地说,这篇周记怎么来的?”

“是我自己写的。”声音更小了。

小葱老师瞪圆了眼,“啪啪啪”在键盘上输入了几个字,待那篇文章跳了出来后,把屏幕转向小女孩:“自己看,说说是怎么回事?”

小女孩抬起眼,往屏幕上扫了几眼,涨红了脸,带着哭腔:“我……我不知道。”

“你不知道?”小葱老师小宇宙简直要爆发,“你不知道?你敢抄袭为什么不敢承认?拿回去!重写一篇!再加写一篇为什么要抄袭的说明。”

小女孩哭了起来,不知是被老师揭穿之后的羞愧还是老师要她重写的委屈。她一手抹着眼泪,一手拿着本子,抽泣着往外走。

“哎——小女孩,你过来。”萝卜老师向小女孩招招手,小女孩迟疑了一下,走向萝卜老师。萝卜老师抽出几张纸巾,递给她，“把眼泪擦了。”

“来，告诉我，你叫什么名字啊？”

“吴悦欣。”

“哪几个字呀？”

她把写在周记本上的姓名给萝卜老师看。

“吴悦欣，哟，很好听的名字。你能不能告诉我，为什么要抄人家的作文？”

眼看着吴悦欣的眼泪又要掉下来了，萝卜老师赶紧说：“我不是要批评你，而是要帮你，我想知道你抄作文的原因。”

“嗯……嗯……我写不出来，没什么好写的。”

“你昨天干什么了？”

“昨天？”她睁着一双泪眼，很迷茫地看着萝卜老师，“没干什么。”

萝卜老师想了一想，道：“昨天是星期天，这一天你都做了些什么？”

“没有做什么。”

“没有？不可能吧？比如，你起床就是一件事啊，你可能会想，哇！今天星期天，我不用起那么早，不用上学，美美地睡个懒觉，等一会儿又可以看我喜欢的电视了……吃早饭也是一件事啊，早饭是你喜欢吃的，还是你不喜欢吃的？喜欢吃的，你心情怎样？吃的动作、速度又怎样；不喜欢吃的，你心里又是怎么嘀咕的，跟妈妈怎么抱怨的？”

“啊？这些都可以写？”小女孩瞪大了眼睛。

“当然，生活中的喜怒哀乐都可以写啊。你是不是认为一定要大事、好事才算是事？”

她点点头。

“吴悦欣，我跟你说，我们生活中不是每天都会发生大事的，不可能每天有人掉到水里，等着我们去救他；也不可能总有盲人要过马路，等着我们去扶他，对吗？就像我们吃的菜，你总不会认为山珍海味才能算是菜吧？青菜啊，萝卜啊，黄瓜啊，洋葱啊，番茄啊，都是菜，就是那不起眼的鸡毛菜也是菜啊。对吧？”

她又点点头。

“经常吃山珍海味，我们也吃不起，对吧？我们可能偶尔品尝几次，出现在我们餐桌上的，更多的是家常菜。同样的道理，并不是作文中写了大事好事才算是好作文。在作文中，我们完全可以写一写生活中的鸡毛蒜皮，因为生活中不可能经常有大事发生，发生在我们身边的，一般的都是一些鸡毛蒜皮的小事。告诉你一个秘密，这样写出来的作文更接地气，别人一看，对对对，我的生活也是这样子的——”

“萝卜老师，鸡毛菜是什么菜啊？”小葱老师冷不丁插了一句。

“你看你，一听就知道是不进菜场的主。鸡毛菜就是小白菜啊。”

“啊哈，小白菜为什么叫鸡毛菜呢？”

“没有理好的小白菜堆在一起，小小的，乱乱的，就像一堆鸡毛一样。小葱老师你说，这鸡毛菜是不是一道家常的小菜？”

“对呀，蛮好吃的，营养又好。”

萝卜老师继续朝向吴悦欣：

“那我问你哦，这个星期天你几点起床的？”

“8点。”

“早饭你吃了什么？”

“面。”

“妈妈给你做的？”

“是我自己做的。”

“哇！你那么厉害！居然自己能下面吃？”萝卜老师有点吃惊，不由得夸了她一句，同时心下大乐，周记题材来了，“那你怎么下的？有没有碰到什么困难？”

“我煤气打不着。”

“后来怎么解决的？让妈妈帮助了吗？”

“没有，我妈妈以前教过我怎么打的。我使劲地想，终于想起来了，按住开关停一会儿，再旋转，这样就打着了。”

“你煮的面好吃吗？”

“蛮好吃的。”

“你这个是很好的周记题材啊，你重写可以写这个啊，不困难吧？”

“没有。”她破涕为笑了。

萝卜老师敲黑板

只要有生活，就有习作的题材。山珍海味我们可能偶尔品尝几次，出现在我们餐桌上的，更多的是家常菜。菜场里不起眼的鸡毛菜，也是富有营养且很受欢迎的菜。同样的道理，并不是写了大事好事才算是好作文。我们完全可以写一写生活中的鸡毛蒜皮，因为生活中不可能经常有大事发生，发生在我们身边的，一般都是一些芝麻绿豆的小事。

怎么样？你也来一盘鸡毛菜吧？请动手写一写你生活中的鸡毛蒜皮，写好后请爸爸妈妈品一下。

没有一个菜名叫“一碗有营养的汤”吧？

第二天中午，吴悦欣把重写的周记交来了，她照着萝卜老师的建议，写了周日下面条的事。

做　面

今天我起床后，妈妈已经吃好饭了，于是，我就自己做面。

于是，我跑进厨房，打开冰箱，看看有没有面，“太棒了！有面！”我心想，我把面从冰箱里拿出来后放在旁边的桌子上，接着把沉甸甸的锅子拿到水龙头那里，冲了点水，然后就放到煤气灶那里，紧接着，开动煤气，可是，我怎么也开动不了煤气，我就想到了妈妈说的那句话：开动煤气的时候要先按下去，然后再慢慢移动到“开”那里，这时还要在那里停留一会儿才能开。我又试了一下，还真的开动了。于是，我马上把锅盖盖上。过了五六分钟，水烧开了，我就把两卷面放了进去，拿了一根筷子在里面拌来拌去，接着，我又拿了一根筷子，缠住了一两根面尝了一下，嗯，熟了！我把煤气灶的火关了之后把里面的两包调味包放到了碗里，便把面挑了出来，再把锅里的汤倒进碗里，接着把筷子在碗里拌了拌，把调料拌匀，然后就可以吃了。

我把面端到桌上开心地吃起来。

小葱老师问：“萝卜老师，你觉得她这篇写得怎样？”

“至少是她自己写的，这一点要鼓励她。用我的烧菜的理论讲，这盘菜是她自己做的，不是从人家那里拿一盘来算作自己做的，这就很棒！”萝卜老师笑着说，“当然，这盘菜好多方面还有问题。先看那个菜名。”

“菜名？”番茄老师从外面进来，“你们刚吃好了饭，又要外买什么菜？”

“哈哈哈，有一个学生刚才送了一盘菜来，我们在想拟一个什么菜名好。”

“真的假的？”番茄老师突然醒悟了过来，“萝卜老师你又要噱我了，菜名都是现成的，还用拟？”

萝卜老师扬了扬手中的周记本：“喏，菜在这里，你觉得拟个什么菜名比较合适？”

番茄老师看过后，道：“这题目确实不太合适，‘做面’给人的感觉是制作面条，我觉得‘下面’可能恰当一点。”

“你说‘下面’，人家一看还以为是‘上面下面’的‘下面’，不如用‘下面条’，这样至少不会产生歧义。”洋葱老师发表自己的看法。

萝卜老师转向小葱老师："小葱，你觉得呢？"

"我也觉得'下面条'恰当些。哎，萝卜老师，用你的做菜理论来讲，作文的题目有些什么讲究呢？"

这小妮子！本来想引发她关注思考一下，平时指导作文拟题要注意些什么，想不到她将了一军上来。好吧，这些日子一直琢磨着做菜和作文有哪些相似之处，有些心得，现在不妨交流一下，萝卜老师想。

"我觉得吧，在我们的作文教学中，拟题这一块，向来是被老师们所忽视的。回忆一下，你们做学生的时候，你们的老师有没有教过你们怎样拟题？"

一齐摇头。

"小葱你刚来不算，洋葱已经教了二十来年书了，番茄你也教了三年了吧？你们两位，在作文教学中，有没有重视过拟题的指导？"

他俩你看我我看你，不好意思地摇了摇头。

"其实，文章的题目很重要，是一篇文章的眉眼。一个好的题目，或者可以让读者了解文章的大概意思，或者知道文章的主题，或者感受作者的情感。有些拟得好的题目，一下子就抓住了读者的眼球，让读者有读下去的欲望。说实在的，我觉得我们作文的拟题完全可以向那些菜的命名方法学习。"

"???"三双眼睛写满了问号。

"每一道菜都有一个菜名。你们想想，这菜名一般是根据什么拟出来的?"

"根据食材!"番茄老师道。

"比如?"

"番茄炒蛋!"

"油爆虾!"

"梅干菜烧肉!"

"小鸡炖蘑菇!"

"对呀,这些菜都是根据食材命名的吧。像番茄炒蛋,因为里面有番茄,有蛋,所以才叫番茄炒蛋,如果没有番茄只有蛋,就会叫作炒蛋。我们作文的大多拟题方法也是如此,根据内容来命题。你们看,作为作文教学的范本,课本中的很多题目就是这样子的,像《太阳》《观潮》《桂林山水》《鹿和狼的故事》等。"

"对呀对呀,像《詹天佑》《长城》《猫》,都是以内容命题的。"

"但是,那么多样子摆在我们面前,有些教师和学生就视而不见。比如,一个学生在公交车上让了座,觉得做了好事,很高兴,他想以这件事为题材写一篇作文,他怎样拟题比较恰当?"

小葱老师的意见:"我觉得'让座'就可。"

洋葱老师问:"可不可以拟为'一件有意义的事'?"

"'一件有意义的事'这个题目很宽泛,很多内容都可以往里套。像做了一个实验啊,学会了一项本领啊,帮助了别人啊,都可以用这个题目吧?我个人认为,'一件有意义的事'并不适合做题目,你们见过有哪一种菜以'一碗营养丰富的汤'为名的?"

他们一齐大笑起来："哈哈哈哈，一碗营养丰富的汤！萝卜老师，你真幽默！"

"叫这个菜名大家觉得很可笑，可是，我们从来不会嘲笑'一件有意义的事'之类的题目，可能我们习惯了。"

"是啊，我小时候写作文很喜欢用'一件有意义的事''一件让我伤心的事'为题，可我从来没有觉得有什么不妥。今天听着，感到这个题目可以往很多题材上套，有点像百搭题目。"偷马偷老师似有所悟。

"百搭的就没有独特性。比如，好多的菜很鲜，如果起个菜名叫'一盘很鲜很鲜的菜'，那我们去点菜，叫服务员，来一盘'很鲜很鲜的菜'，服务员保证一脸迷茫，'先生，我们好多的菜很鲜的，你要哪一种啊？'"

"哈哈哈……"

"说到很鲜的菜，我忽然想到'佛跳墙'，这个菜名起得真形象！"

"是啊，这个菜名取得真好！夸张，诱惑力很大，吸引着你去品尝。如果我们的作文也这样拟题的话，那多少读者会被吸引？这也给我们一点启示，我们拟题的时候，大可以往形象上靠。记得我们二年级的教材中有一篇课文的题目叫《最大的'书'》，就很形象。还有，钱钟书的《围城》形象不？"

"对，我也这样认为。"

"其实，我们课文中一些题目拟得是很不错的，像《窃读记》啊，《小桥流水人家》啊，《'精彩极了'和'糟糕透了'》啊，

《冬阳·童年·骆驼队》啊，都很不错。这些题目，简洁明了，用字准确，遣词贴切。可惜，在我们的课堂教学中，这些题目一带就过去了，没有好好地引导学生咀嚼一番。所以，学生在作文时，拟题也就不是很上心，拟一些诸如'一件有意义的事''乡下故事''创造发明的心得'这样的大而空泛的题目。"

"是的是的，这样的题目学生拟得较多。"洋葱老师表示赞同。

"所以，在今后的作文教学中，我们要努力改变这样的状况，从菜名中获取一些灵感。重视作文的拟题，从我们始。"

萝卜老师敲黑板

想一想，这一节的重点是不是这个：题目是一篇文章的眉眼，作文的拟题要像菜名学习，不要太空泛，要有针对性，要形象、有创意。我们可以根据内容来命名，也可以根据主题来命名。切记，没有一个菜名叫"一碗有营养的汤"。

做一做，翻开你的作文簿，看看你的作文题目，找出一个百搭的题目，改一下，使之和作文内容贴合起来。

菜不会都切成三段的吧？

“你们做菜时不会把所有的菜都切成三段的吧？”萝卜老师忽然话锋一转。

小葱老师一脸迷茫：“切……切什么菜？”

“小葱，你不进厨房的。哦，番茄也不进的吧？”见他俩点头，萝卜老师道，“没有进过没关系，你们虽然没有切过菜，但见总是见过的吧？问你们一个近乎弱智的问题哦。好多菜我们都要切一下才能炒的，像豇豆、丝瓜、山药、芦笋等，这些菜会不会一律地切成三段啊？”

“怎么可能？豇豆那么长，切成三段的话，还是很长，等于没切，吃起来还要再咬断，那不麻烦死了？”洋葱叫起来。

“是啊，那山药切成三段的话，筷子绝对是夹不起来的，大概我们要从盘里抓起来直接啃了。”小葱做了个抓过来放在嘴边的动作。

番茄老师感到不解了：“萝卜老师，刚才在讲作文，你怎么突然之间说起切菜来了？”

“问得好！”萝卜老师朝他点了点头，“还是和作文有关系啊。

你们刚才有没有注意吴悦欣的那篇周记，一共分了几段来写？”

“几段啊？没有细看。我看我看！”他们几个又围了过来，“哦，三段。”

“三段不可以吗？”小葱老师有点疑惑，“作文大多是三段吧？开头，中间，结尾。”

“是啊，不是说凤头、猪肚、豹尾吗？”番茄老师接上。

洋葱老师道：“我小时候写作文永远都是三段，就是开头、中间和结尾。”

“我小的时候写作文也是三段，老三段，”萝卜老师笑道，“那时我觉得作文就是应该分三段来写，这种三段的写法是标准写法。后来，自己做了老师，认真地琢磨了教材，才领悟到，作文是要根据表达的需要多段表述的。不信，你们现在翻开语文书看看，看哪一篇课文是分作三段写的？”

洋葱老师、番茄老师、小葱老师回到自己的办公桌前，找出语文课本快速地翻寻起来。

“第1课，《观潮》分了5段。”

“第2课，《雅鲁藏布大峡谷》也是分5段来的。”

“第3课，《鸟的天堂》分了14段写的！天哪！14段哎！怎么分那么多段？”小葱老师感慨。

“12课《小木偶的故事》还要多，一共41段！”番茄老师好像发现了新大陆那么兴奋，“奇怪，过去我根本不会有意识地去注意课文分了几段来写，只是机械地标段落序号。”

“你也不会去琢磨课文为什么要分那么多段？对吧？”

“是的。”番茄老师不好意思地点了点头。

“因为老师的不重视，学生也就自动忽略，不去探究课文为什么有那么多段落，是根据什么来分的。他写作文时，就根据他平时的习惯，每一篇都是三段。你们现在不妨看看这12课根据什么分了41段?”

“有很多对话。一句对话就是一段!”

“真的哎，为什么一句对话就是一段呢?”

“你们想象一下，如果把这些对话放在一段里写，会有什么样的效果?”

他们一个抬起头，一个托着腮，一个直愣愣地看着书本。静默了一会儿，小葱老师道：“如果放在一起，看的人会晕吧?弄不清这句话是谁说的，那句话是谁讲的。”

“我也这样觉得，对话放在一起的话，会使人产生一种……一种……叫什么症?”

“密集恐惧症，对吧?”番茄老师道。

“对对对！密密麻麻地挤在一起，看起来会很累。”

萝卜老师道：“是啊，这样会给读者一种压迫感。像《小木偶的故事》那样分段写，每个人说的话一目了然，非常清楚。如果把这些段落合并成三段，那第二段该有多长?给看的人多大的压迫感?”

“过去真的没想到这些。萝卜老师，谢谢你。”洋葱老师的话中透着十二分的诚恳，“今后你多点拨点拨我们。”

“除了语言描写要分段写外，地点变换了，要分段，像《颐和园》，从万寿山转换到昆明湖，肯定要分段；内容变了，要分段，像《赵州桥》，内容从赵州桥的坚固转换到赵州桥的美丽，那肯定要分段的。这样，你的作文层次清晰，读的人更容易明白。”

“在平时的教学中如果在怎样分段方面多加以引导，学生习作的时候就不会永远是三段。他们知道语言描写的时候，一个人的话就是一段，就是一个‘是’也可以单独成为一段，内容变了，时间变了，地点变了，都要另起一段。”萝卜老师继续说。

“好，这次作文的时候，我要提醒学生注意。”

“对，越早介入越好，否则，形成习惯了，改起来就比较困难。”

萝卜老师敲黑板

这一节的内容很重要，请你多读几遍。记住，作文可以分三段来写，但是，不是所有的作文都是分三段写的，而是要根据表达需要分段描写。人物的语言描写单独为一段；地点转换了，须分段；时间变化了，要分段；写不同的内容，要分段。

请你翻一翻自己的习作，数一数，你每次的习作是分几段来写的。如果是老三段，那就请你根据分段的原则试着多分几段。

如果你感兴趣，那就请你给吴悦欣的作文分一分段。（提示，可以根据下面条的步骤来分段。）

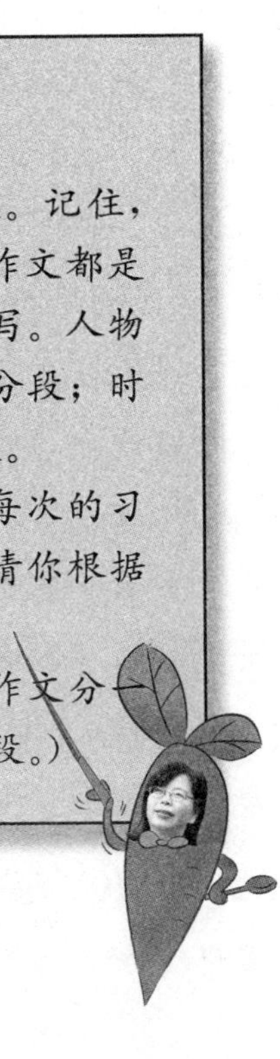

做菜的第一步并不都是倒油入锅

这天，萝卜老师上完第一节课，回到半亩塘，听到洋葱老师在说："过去嘛，觉得这样的开头也不错，先总起一下，然后展开，最后总结，总—分—总，结构上完美。但现在发现他们似乎只会这样的开头，千篇一律，看到后来，都这样写，有点反胃了。就像每天吃同一个菜，吃到后来，看见这个菜就烦。"

"是的是的，是这个道理。哪怕是最好吃的菜，如果天天吃，不厌烦才怪呢。我们读师范的时候，寝室里有个室友一开始很喜欢吃豆腐干，几乎天天吃，但是，吃到后来，吃伤了，再也不要吃了，看见豆腐干就想吐。"偷马偷说。

萝卜老师笑了："是啊，好戏不唱三台，好曲不唱三遍。连着看几十个类似的开头，真的是要吐的。"

番茄马上举证："就是啊，我批到的作文开头大多是这个样子的，'我的妈妈很关心我，她把最好吃的留给我吃，每天给我做好吃的''小天是一个飞毛腿，跑步总是得第一''迪士尼乐园有许多好玩的'，等等。还有这篇，硬生生地要挤进去一个总起句，我读给你们听哦：‘我们邻居家养了一只狗，名字叫幸运。它身上一块白一块黑交错在一起。我爸爸觉得它有点花，干脆直接把幸运叫成小花了，我还从这只狗身上知道了一个小知识。’”

大家都笑了起来，洋葱老师边笑边说：“前面介绍那狗介绍得好好的，后面突然冒出一句‘我从这只狗身上知道了一个小知识’，硬生生地要总起一下。”

萝卜老师笑道：“总—分—总是一个经典的作文段式，老师在上这类课文时，很注意强调这样的结构，久而久之，留在学生中的印象比较深。而且，总—分—总的写法比较容易上手，学生模仿起来不难，觉得这样写起来很顺手，然后，他们就形成了一种惯性，就把它固化为开头的模式了。还有，这种开头也很有代表性，比如这个：‘每个人都会经历困难，就在前一天，我也经历了一个困难。’”

洋葱老师附和：“是啊，学生很擅长这样的开头。像演绎法一样，先大家是什么样子的，然后演绎到自己是什么样子的。比如，‘大家都有一个爱自己的好妈妈，我也有一个爱我的妈妈’‘每个人都有一个好玩的童年，我也不例外’。”

“那这个怎么破?”番茄老师问。

“我觉得关键还在老师，老师要引导点拨。我一直把作文比作做菜，来来来，考考你们，你们做菜的第一步是什么?”

“就是往锅里倒油啊！嗞嗞嗞，然后哗哗哗炒一下。”番茄边说边在空中翻炒着。

萝卜老师问：“做每个菜都是这样的吗？比如，糖腌番茄?”

“炒番茄一开始要放油，糖腌番茄不需要啊。”番茄忽然醒悟了似的，“萝卜老师，你是在拿我开涮啊?我知道腌萝卜也不需要放油的。”

“哈哈哈……”小葱开心地笑起来，“你们两个腌起来都很好吃的。”

“撒点小葱更好吃。”番茄朝她挤了挤眼睛。

“你这个偷马桶——”小葱赶紧叫道。

萝卜老师马上说：“喂！跑题了！跑回来!”

“是！报告萝卜老师，我跑回来了。”偷马偷敬了个礼。

“刚才我们说到哪里了?”

小葱马上汇报：“说到做菜的第一步是什么?”

“是什么?”

洋葱老师发言：“做菜的方法有煎炒炖煮烤，有的第一步是要腌制，有的第一步是焯水，有的第一步放各种调料到食材中……”

“喏喏喏，到底是经常做菜的，说起来一套一套的。你们看，做菜的第一步，不是千篇一律地倒油入锅，要根据做菜的方法确定第一步做什么。同样的道理，作文的开头不是一成不变的，我们作文，不能什么题材都是总起开头，总结结束。开头的方法很多，比做菜的方法要多得多。课文中的例子先用起来，像四年级上册《世界地图引出的发现》的开头：‘1910年的一天，年轻的魏格纳因病住进了医院。病房洁白宁静，就连穿着白大褂的医生也是脚步轻轻。’开头交代清楚了时间、地点、人物；《鸟的天堂》的开头：‘我们吃过晚饭，热气已经退了。太阳落下了山坡，只留下一段灿烂的红霞在天边。’这个开头就告诉读者故事发生的时间。如果我们在教学这些内容时，和学生一起揣摩开头的话，那么，学生会注意开头的多样性。”

“是哦，过去，上课的时候，开头我基本上是忽略的。”洋葱老师道。

“那你们上课讲什么？”

洋葱老师笑：“讲内容。”

“嗯，理解课文内容，现在语文教学的主旋律。”萝卜老师轻叹了一口气，“我们的语文教学仿佛一直在理解课文上兜圈子，这样子教，学生是不会写作文的。你如果只强调了总—分—总，他们就只会用总—分—总来写。”

“那萝卜老师，你们班里学生的作文开头不会都是总起吧？给我们看几篇，参考参考。”

“我记得有，蛮多的。我找找。”萝卜老师打开了电脑中的“学生习作”文件夹，“喏，先看这篇的开头，就是交代事情的起因。”

一天，我在看我的凤仙花。突然，我有了一个把凤仙花移植的念头。

“再看这篇。用人物的语言开头。”

清晨，我又被爸爸的叫声吓醒了。“点点，起床了！

你的小包包破了，糖宝掉地上了！”我捂住了耳朵，爸爸用这种方式叫我起床，不知用过多少遍了。

“这篇也是用人物的语言开头，一下子把读者吸引住了，啊，究竟发生什么事了？迫不及待地想看下去。”

“啊！”妈妈尖叫了一声，“啊！快来呀！快来！”

萝卜老师敲黑板

做菜的第一步并不全是倒油入锅，同样的道理，作文的开头也要灵活多变，可以交代事情的起因，可以交代时间地点，可以用人物的语言开头，也可以写事情的结果，用倒叙的方式写。记住，千万不要一成不变的总—分—总。

接下来，请你翻开你的作文本，统计一下，你的作文有多少篇是以总起的形式开头的？你能换成以非总起的形式开头吗？比如，用人物的语言描写开头？

做菜的最后一步
并不都是勾芡

“其实，有些学生的结尾也是很套路的。”洋葱老师道，“学生写游玩类的作文结尾一般就是：什么什么地方真好玩啊，可是我们要回去了。我想，下次还要来玩。”

“是的是的，”番茄老师插进话来，“我班的学生也很喜欢这样子写，比如写钓鱼，他的结尾就写‘钓鱼真好玩，下次我还要去钓’。”

萝卜老师道：“我觉得这样的结尾，有点万能结尾的味道。”

“什么叫万能结尾？”小葱老师不解了。

“就是哪一篇都可以用这样的句式结尾，做个替换练习，换一个景点或者活动填进去都可以，比如：‘漂流真好玩啊，下次我还要去玩’‘烧野米饭真好玩，下次我还要烧’‘百亩花海太好看了，下次我还要去’。这种结尾方法，我给它一个名称，叫‘下次还要’法。还有一种万能结尾法，可以叫作‘懂道理’法。比如：‘从这件事中，我知道了遇到困难不要退缩，要勇往直前，才能找到答案’‘这次我明白了一个道理，付出的总会有回报的，只要你用心去做，就一定会成功的’。”

“对对对！”洋葱老师一激动，一连三个“对”，“这个懂道理法真的也是万能的，貌似很多结尾可以这样用，句式都是固定现成的：‘通过这件事，我懂得了什么什么；从这件事中，我明白了什么什么……’”

“嘿嘿，你们别说，学生也真聪明。”番茄老师不由得感慨起来。

“是啊，从某个方面来说，是聪明，因为他们可以举一反三。但是，从另一个方面来说，我觉得这是不动脑筋的表现，大概人都是有惰性的吧。过去，也有学生发明一种万能造句法，你们听哦。比如，要他们用‘斩钉截铁’造句，他们就这样造：‘斩钉截铁的意思我不懂。’这样，无论用哪个词造句，他们就把这个词填进去，如：‘语重心长这个词的意思我不懂。’或者是这样：‘今天我们学了语重心长这个词。’小孩子一旦掌握了这个‘利器’，他就会觉得这是一个秘籍，省心又管用，于是会经常用。这个时候我们做老师的就要介入，点拨他们，请他们想一想，天天吃同一道菜，腻不腻？厌不厌？作文的结尾，和开头一样，也是多样性的。我们还是可以从做菜当中获得启发。你们想，我们做某些菜的时候，像炒肉丝，最后一步是勾芡，但并不是所有菜的最后一步都是勾芡，有时候最后一步会撒点小葱，像做红烧鱼；有时候会淋上油，像做鸡丁；有的最后一步是放盐，像烧鱼汤……”

洋葱老师激动地说：“萝卜老师你讲得对！今天你如果不说的话，看到学生这样的结尾，我最多心里嘀咕一下，怎么又是这样的结尾？然后也就不去理会了。听你这么一讲，我觉得是有必要引导他们一下的。那怎么引导比较有效呢？比如以漂流为例？”

“最简单的，写个人感受，感受因人而异，存在着很大的差异性，所以这样的结尾不会千篇一律的。他们有的会觉得很刺激，有的会觉得边漂流边打水仗很过瘾，有的可能会觉得很害怕，下次再也不想玩了。不会都是太好玩了，下次还要来吧？”

“我玩过一次漂流，落差很大，当时吓得要命，心想，下次贴我钱也不会再来了。”洋葱老师一副后怕的神情。

番茄老师笑着说：“你胆子也太小了吧？我假期里玩了孟龙洞漂流，觉得不够刺激。当时玩好之后就想，回来查一下，哪里有更刺激的，我去玩一玩。”

“哈哈，你觉得孟龙洞还不够刺激啊？”萝卜老师有点惊讶，“我们当年去孟龙洞漂流，过一个狭窄的口子时，筏子和岩石触碰了一下，金老师回头一看，坐在后面的女儿和叶老师的女儿，不见了踪影，吓得魂都没了。”

“她们掉水里啦？”洋葱老师有点紧张。

“是啊，一起掉下去的，而且，很奇怪的，她俩想钻出水面的时候，发现在筏子底下。”

小葱老师也紧张起来："啊，那后来呢？"

"后来，船老大跳下去把她俩捞上来了。我来和你们学学金老师和叶老师当时的表现哦，"萝卜老师清了清嗓子，"'叫你不要坐后面偏要坐后面，你看，危险不危险？下次我不敢带你漂流了。'这是金老师的话。你们知道叶老师怎么说的？她居然哈哈大笑，问她女儿，刺不刺激？她女儿说，刺激蛮刺激的，只是喝了几口水。"

"我也觉得掉在水里很刺激的。"番茄老师居然有点神往。

"你们看，每一个人，漂流的感受是不一样的，因为每一个人的体验都是独特的。记得那次漂流后，我们大概有五六个人发烧了。"

"为什么？"三个人同时问。

"因为其他筏子上的人用水枪打我们，我们的衣服全湿了，然后，船老大又把我们带到一个瀑布下面，淋了个够。那瀑布的水特别凉，浇在身上，那叫一个透心凉。上岸后，导游也没有叮嘱我们要喝一碗姜汤，结果，我们这一筏子的人，发烧的发烧，腹泻的腹泻。他们的感受又是和别人不同的，他们说，这次漂流好玩是很好玩的，但是，也有点糟心。我也有自己独特的感受，漂流前，不知谁告诉我，不要戴眼镜，漂到落差大的地方，溅起的水可能把眼镜都会冲掉的。我就摘下了眼镜。你们知道，我近视度数比较高，800 多度。摘下眼镜后，我看什么都是模模糊糊的，上下筏子都要有人扶着。后来，在漂的过程中，我发现根本不会把眼镜冲掉的。所以，我就想，下次漂流，才不要听他们的。”

“哇，一个漂流，就有那么多的感受啊！这样讲来，结尾真的可以是各种各样的。萝卜老师，贡献一下你们班的作文，再让我们学习学习呗。”小葱老师笑嘻嘻地说。

“好啊。”萝卜老师又打开了“学生习作”文件夹，“我们先看这篇吧。我觉得这篇的结尾很有趣。”

时间总是过得那么快，一转眼，又下课了。外面正下着雨，我叫上蒲公英、香菇：“我们玩什么？”

香菇说：“在小雨中玩吧！”

“好啊，好啊！”我开心地叫道。

香菇催促着：“那么，就开始吧！”

雨在空中飞舞，我们冲出教室，一起在雨中嬉戏。

我的睫毛上挂着几颗“小玉珠”，我一闭眼，珠子就变成了一条线，流了下来。这颗雨珠好像一个开关，一流下来，上课铃就响了起来。

“这个结尾怎么那么好玩？”洋葱老师奇道。

“是啊，因为萝卜丝当时就是这么想的，她的想象力很丰富。我们再来看这篇。你们觉得这结尾写得如何？”

观　潮

自从学了《观潮》这篇课文，我就非常想去海宁看看那壮观的潮水。这一天，我终于盼来了。

10月4日下午，我们早早地来到了海塘大堤。那儿没什么人。大约3点，我再到那儿一看：“呀！虽不像电视里放的那样‘席地不容间’，但是在我印象中，除了北京故宫，几乎没有再遇到比这儿人更多的地方了。”

3点半左右，从远处传来隐隐约约的轰隆声，过了一会儿，我看到了一条奶黄色的线，爸爸说：“潮来了！”

过了约10分钟，我已经能清清楚楚地看到一线潮了，真的像课文形容的那样，像千万匹白色战马齐头并进，但我想：“这千万匹白色战马应该还没长大（潮比较小）吧！”

这次看潮，等的时间比看的时间还要长，但很壮观，值了！

番茄老师赞道：“很真实的感受，这样的感受真的是很独特的。点个赞。”

“再看一篇，这篇的结尾，我很喜欢，真的很喜欢。这小女孩，写得实在是感人。为什么感人，因为这是她真实的独特的感受，再加上她的独特的文字表达。”

最后一个书签

“看看，谁的结尾写得好啊！”萝卜老师扬起最后一个桦树皮书签。

“我来，我来！”我把手举到萝卜老师鼻子下面，萝卜老师不得不叫我。

我神情激动地读我这个结尾：“春游，你快来吧！快来吧！我在这儿等你！”

“嗯，我很喜欢你这个结尾，这个书签送给你！”萝卜老师双手拿着书签递给我。

“谢谢萝卜老师！”我高兴地接着书签。

真要谢谢萝卜老师给我这个机会。我心想，如果不是萝卜老师，我作文也不会写得这么好，也就不可能会得到这个书签了。

胡萝卜跑过来：“萝卜丝，我也想要书签，萝卜老师为什么不叫我！！！”

我看了看书签，上面写着：开卷有益。我想这个词的意思应该是看书总归是好的。

我小心地把书签放到铅笔盒里，真不知道怎样喜欢它才好。

“真的好！这个结尾我喜欢！”小葱老师大声说，“萝卜老师，真的是听君一席话，胜读十年书。我自己过去写作文，也是用这种很模式化的方式结尾，所以，批到学生这样的结尾，我也觉得很正常。今后我真的要多向你学习，引导学生注意开头和结尾的多样化。”

萝卜老师敲黑板

做菜的最后一步，并没有固定不变的模式，可以勾芡，可以淋油，可以撒葱花，可以收汤。作文的结尾也是多种多样的，总结的是一种，自然结尾的是一种，明白道理的是一种，写感受的也是一种。写感受要注意写出独特性，因为每个人的体验感受是不一样的。

如果你玩过漂流，那么，写漂流的作文你准备怎样结尾呢？如果你没有玩过漂流，那么，写其他的活动你又可以怎样结尾？

不能把炒青菜变成炖萝卜

很快地，要进行第一单元的习作了。这次习作的内容是围绕游览过或了解到的一处自然景观写一篇习作。可以写著名的旅游景点，也可以写身边的景物。要求同学们写之前想一想主要突出景物中的哪一点奇特之处，大体按怎样的顺序写。并希望通过他们的习作，读者能够想象画面，感受到大自然的奇妙。

习作前，萝卜老师照例要和学生进行聊天式的谈话："暑假里，你们都去过什么地方啊？"

"桂林！"

"丽江！"

"香港！"

"黄山！"

"土耳其！"

"乡下！"

……

萝卜老师道："大多学生假期里出去旅游了，真好！那你们游玩的这些地方，哪些景点给你留下的印象比较深呢？”

同学们争着回答：

“玉龙雪山！”

“敦煌石窟！”

“迪士尼乐园！”

“象鼻山！”

……

“这次习作要求我们突出风景的奇特之处，比如，钱江潮的奇特之处是它的潮头成一条线，漓江的水有静、清、绿的特点。你们准备要突出风景的哪个奇特之处？”

“玉龙雪山顶上的雪。”

“敦煌石窟的壁画。”

“黄山的猴子望月。”

“好！你们准备按什么顺序写呢？”萝卜老师问。

“游览顺序！”

“时间顺序！”

“方位顺序！”

“萝卜老师，”声音从最后一排传出，很轻，“我没有去过什么地方，写乡下的景色可以吗？”

萝卜老师一看，是金钱草同学，就说：“当然可以啊。乡下有很多特别的景色，像小河、稻田、菜地，这些都可以写。你写起来有困难吗？”

金钱草同学羞涩地笑了笑，摇了摇头。

第二天，习作的草稿交上来了。萝卜老师先看金钱草的草稿。她有点担心。金钱草的爸爸上周特地来校找了老师，说，这孩子在老家语文是不及格的，希望老师多多帮助。其实，有一次看到金钱草写了“同学们在校园里飘荡”这个句子后，萝卜老师就开始对他重点关注了。打开金钱的草稿本，发现他写的是《乡下的青蛙》。

乡下的青蛙

辣椒让我去他的乡下玩。我们先是抓青蛙，然后带了一把伞，因为外面在下着雨。我和辣椒还有辣椒的爸爸一起抓青蛙玩。我们正好找到一块可以抓青蛙的地方。然后我们就开始抓了，辣椒爸爸一手一个青蛙。我不敢抓青蛙。因为我怕青蛙身上有细菌，就说出来。然后辣椒爸爸就在这个时候看见了一只不知道的青蛙。辣椒说：“快抓，别让它逃跑了。”然后我说：“这只青蛙，真的没见过。”然后就没有抓。我们把袋子拿出来把青蛙装在袋子里，然后我们回去了。

乡下真好玩！

“哎呀，怎么写成这个样子？”萝卜老师嘀咕了一下，“这孩子，跟上大家可有点累。”

“写成什么样子了？让我看看。”小葱老师走过来，拿起草稿本就看，“咦，这篇不是要求写景物吗？他怎么写青蛙？”

“青蛙也算是乡下的一个物吧，如果他写青蛙也罢了，问题是他写抓青蛙，写事情，不写景物了。就像要他炒个青菜，他却炖了个萝卜。”

“哈哈哈，炒青菜变成了炖萝卜，这比方确切。萝卜老师，你能不能给我们分析一下，学生为什么会犯这样的错误?”番茄老师问。

萝卜老师沉吟了一会儿，道：“像这篇，这学生第一次筛选地点，选了乡下，这没错；接下来，写景和记事他搞混了，可能他还没有分清这两个概念。”

“你们看看，这篇有什么问题?”听洋葱老师一叫，大家丢下了刚才的话题，跑过去看。

黄山的自然景观

黄山有许多怪石，但是那些是自然景观。

黄山的怪石很多：猴子观海，仙女弹琴，仙人指路……

猴子观海这座山非常奇特，山上有许多小猴子在观海，所以猴子观海是黄山中的一座奇山。有许多人对这座山感兴趣，所以这座山很有名。

仙人指路这座山上有一块石头，这块石头像一个人，而且手伸出指着远方，像是在给我们指路。

仙女弹琴这座山很壮观，仙女是指一块大石头像从天而降的一位仙女，弹琴是指一块石头像一架琴，仙女的手摆放在琴弦上拨动。

黄山，还有四绝它们分别是：奇松，怪石，云海和温泉。

啊！黄山的景色可真美啊！

“这是一盘青菜，没有变成炖萝卜。萝卜老师，对吧?”

“嗯，是一盘青菜。但这盘青菜估计想吃的人不多。”

“怎么说?”

“这盘青菜没有炒好啊。首先吧，他把叶子都摘了，只剩下菜梗，整体感觉是一盘瘦骨伶仃的菜；这第二吧，这些菜梗半生不熟的；第三，好像忘记放盐了，淡而寡味；第四，有几根菜没有切断。像写‘猴子观海’那段，写景的内容只有‘山上有许多小猴子在观海’这句。（当然，这句有问题，山上没有小猴子，只有像小猴子的石头，而且，只有一只石猴，没有‘许多’。）这猴子是什么样子，看的是什么海，都没有写清楚。可能他没有很好地观察仔细，就凭模糊的记忆在写。我记得黄山上的那一处猴子观海，那石头真像一只蹲坐在那里的猴子，专注地望着脚下那一片起伏的云海，仿佛在思考：接下来我该餐云呢还是眠云。”

“‘黄山，还有四绝它们分别是：奇松，怪石，云海和温泉’，这句有点总起的味道，应该放在最前面，然后重点写怪石才顺。‘还有四绝’后面应该有个标点符号吧?”番茄老师发表自己的看法。

萝卜老师点点头："是啊，这里应该点个句号。没有标点像不像菜没有切断？"

"'有许多人对这座山感兴趣，所以这座山很有名。'这句话的因果关系颠倒了吧？"小葱也发现了一处问题，"应该是这座山很有名，所以许多人对这座山感兴趣。"

"萝卜老师，你们班有写得好的吗？我要给我们班的读一读，让他们知道怎么写才算好。"洋葱老师问。

"等一等哦，我刚才只看了金钱草这一本。"

萝卜老师埋头批了一会儿，兴奋道："这一篇还不错。"

记桐庐的瑶琳仙境

暑假里的某一天，我跟着爸爸妈妈游览瑶琳仙境。

瑶琳仙境真大啊，大得可以容下八九百人；瑶琳仙境真湿啊，才走一圈，身上早就湿透了；瑶琳仙境真美啊，美得胜过了天堂。

我走上了一座小桥，到了洞的深处。那里有许多石钟乳和石笋，有的像大象的腿，有的上下连了起来，有的像小青蛙，有的像龙角……

我看见有一个神仙爷爷的头和一个神仙奶奶的头，后来听导游讲了，还真被我看出来了。

导游用手电筒指了指凹进去的钟乳石的里面，说："因为龙王偷了宝物，死了，老神仙就把龙角摘了下来，放在这儿。"导游又用手电筒照了照这个凸起来的，有着尖角的石钟乳，“因为龙角极其珍贵，所以老神仙就派了一只小青蛙在看守。”

我跑过去，看了看，嘿！还真像小青蛙哩！

“爸爸！妈妈！快来看啊……”洞里面回荡着我兴奋的欢笑。

这里真是美不胜收，玩了一个上午才把溶洞里所有的项目游览完。走着，我又看见了刚才进来的那个小桥，我上了小桥，在溶洞门口，依依不舍地看了看瑶琳仙境，出去了。

“哇！写得真好，谁写的？”小葱老师夸张地叫起来。

“萝卜丝，大名陆致远。”

“这名字听起来像男孩子。”

“她是女孩子，你应该见过她的。她爸爸妈妈都是中学教师，取这名希望女儿宁静致远吧。这孩子读的书多，语感不错，所以，写起作文来，很流畅，生动有味道，看的人觉得舒服。”

小葱老师啧啧赞道：“这盘青菜炒得好！有声有色，有香有味，我好喜欢！”

“是啊，有滋有味的一盘青菜。”萝卜老师笑曰，“她根据游览的顺序，一开头模仿了《桂林山水》中的排比句式，描写了瑶琳仙境的特点，然后先概括后具体地写了石钟乳不同的样子，又写了龙角和青蛙的传说。导游的讲解和自己的观察结合，传说的虚和自己看到的实结合，语言描写和动作描写结合，嗯，刚升入四年级的小朋友炒成这样一盘菜，真的很不错，我喜欢！不过，问题还是有的，你们发现了吗？”

“这里，”洋葱老师指着第三段的“那里有许多石钟乳和石笋，有的像大象的腿，有的上下连了起来，有的像小青蛙，有的像龙角”说，“‘有的上下连了起来’放在这里不对啊，前面写有的像大象的腿，后面写有的像小青蛙，有的像龙角，这句放在中间不伦不类的。”

“那怎么改比较好呢？”萝卜老师饶有兴趣地看着她。

“嗯，我想想。”她想了一会儿，说，“先写石笋石钟乳的高矮胖瘦，再写它们的形态，这样比较好，把相同的内容放在一块儿写。”

“有道理！猛然间混进一个其他的内容，就像蚬子里面混着颗螺蛳，看起来非常突兀。”萝卜老师说。

“萝卜老师，这篇写得真不错，借我一下，我要给我们班的同学读一读。”

“好的，不过，我想让她修改一下再给你。”

“还要修改啊？”

“是啊，这篇写得不错，但是，我想对她的要求高一点。你们看，这篇习作中，那个‘仙’没有很好地体现出来。”

“哇，萝卜老师，你的要求太高了！”

“不是的，”萝卜老师解释道，“我们习惯上达到一个中间值，就是达到一个中间的水平就 OK 了，好的同学也习惯俯就差的同学。这对他们来说，不公平。所以，我觉得要因材施教，好的同学给他更高的要求，像陆致远，我希望她在作文的路上走得更远一些；书面表达有困难的学生，像金钱草同学，要降低对他的要求。我现在对他的要求是，把一句话写清楚、写明白。然后，句与句之间的逻辑关系要清晰。”

抓紧时间批好了草稿，中午，萝卜老师把金钱草找了来，搬了把椅子让他坐下，翻开他的草稿本，和颜悦色道：“金钱草，叫你到办公室来，是要和你讲讲这篇作文。”

“噢。”金钱草有点局促不安。

“别紧张，不是批评你，是想帮助你。这篇作文呢，存在比较多的问题。首先，我们看看，这篇作文要求我们写什么？”

“写什么？写什么……”他仰头想了一阵子，“噢，我想起来了，写景物。”

“是啊，这篇作文要求我们写景物，可是你写了一件事情。就好像你的妈妈叫你炒一盘青菜，你却炖了一碗萝卜一样。”看着金钱草一脸茫然的样子，萝卜老师知道他可能还听不明白，于是继续道，“你是不是弄不明白什么是写景物，什么是写事情？”

“是的。”

“你做什么，就是事情；你看到的树啊、花啊、草啊、河啊、山啊，就是景色。写事，就是把你做了什么写下来；写景，就是把你看到的景物样子写下来。比如说，这盆花，”萝卜老师忽然灵机一动，指着放在桌上的那盆虎刺梅道，“你观察一下，这虎刺梅是什么样的？”

“有很多刺。”

“对，还有呢？”

“有叶子。”

“没错，但是如果你写虎刺梅有叶子，人家不知道这叶子长什么样。因为植物都有叶子，叶子有大有小，有卵形有匙形。你看看，这叶子和别的叶子有什么不一样？”

“小。”

“怎么小？”

金钱又茫然地看着萝卜老师，涨红了脸。

萝卜老师看他这模样，觉得这问题有点为难他了，便道：“教你两个方法：一是直接用数字说明小。比如，这叶子大约3厘米长，1厘米宽。二是用人们熟悉的东西做比较。比如，用我们的手指去比，像我们的一节小拇指那么大小。这样写，读的人就知道了。”

他点点头。

“你再看看，这虎刺梅是什么样子的？”

“有花。”

“对，这花又是什么样的？”

“红的。”

“和其他的花比较起来，又有什么特点？”

“很小。”他似乎想起了什么，补充道，“像我的指甲那么小。”

“好好好！会比较了，真棒!”萝卜老师大声称赞，“金钱啊，像刚才这样，写清楚这景物是什么的，就是写景。你这篇作文要重写的，你还准备写乡下的景色吗?”

“是的。”

“那你准备写乡下的什么景色呢?”

“稻田、青蛙。”

“蔬菜地有吗?”萝卜老师启发他。

“有的有的。”

“你觉得写起来有困难吗?”

“大概没有。”他又羞涩地笑了笑。

萝卜老师又道：“你要注意把句子写通顺，前后顺序不要颠倒。比如这里，你们不会抓了一会儿青蛙，才去带了把伞。也不会先是抓青蛙，再正好找到一块可以抓青蛙的地方。‘然后’用得太多，你这篇作文两百来字，用了五次‘然后’，用词太随意，重写的时候要注意。”

他点了点头，如遇大赦，拿起本子，急急往外走去。

“等等!”萝卜老师喊道，“你把萝卜丝叫来。”

“萝卜老师，你叫我?”想不到萝卜丝就在门口，她蹦跳着来到萝卜老师边上。这小女孩，很喜欢围在老师身边，如果老师差遣她做什么事，高兴得像中奖一般。

“是啊，和你聊聊你的作文。”

“是写得不好吗?”

“写得很好啊，办公室的老师都夸你呢!”

“真的!”萝卜丝绽开笑颜，眼睛里都荡漾着笑意。

“当然是真的！你写得真不错。不过，对你，我想要求再高一点，你接受挑战吗?”

萝卜丝很爽快：“好啊!”

“你这篇吧，写的是瑶琳仙境，但是，那个‘仙’我没感觉出来。”

小姑娘一愣神，马上领悟：“噢，对哦!”

“你能把仙写出来吗?”

她食指按在脸颊上，脸朝天，眼睛眨巴了一会儿，仿佛思无所得：“怎么写‘仙’呢?”

“‘仙’肯定是针对‘凡’而言。你在洞里有什么感受？出得洞来又是什么感觉?”

“在洞里……感觉到不像在人间。”

“从哪里感觉到不像在人间?”

“好像在听太上老君讲故事。”

“出来后，又有什么感觉?”

“我好像从仙境跌回人间了。”

“好好好！这么改就好了!”萝卜老师拊掌而笑。

“那我去改了。”萝卜丝拿过本子，一阵风似的跑了。

小葱用近乎崇拜的眼神看着萝卜老师，道：“原来好作文是这样引导出来的！这要花多少时间?”

萝卜老师笑着说：“花这些时间很值得啊。”

萝卜老师敲黑板

规定内容的作文，必须按照要求写，记事的不能写成写景的，写景的也不能写成记事的，就如要求炒一盘青菜，不能去炖一碗萝卜一样，否则错得就很离谱了。记事的作文记的是发生的事情，即谁做了什么；写景的作文要求写的是景色，即某地的山水风光、花草树木是怎么样的。

试着炒一盘青菜如何？写一写你们的校园，重点写写你们校园特别的地方。注意，要求写景物，不要写成同学们在校园里干什么。否则的话，炒青菜就真的变成炖萝卜了。

怎样做出来的
炸鸡腿更好吃?

学校每个学期都会组织学生外出活动一次，春季的时候春游，秋季的时候秋游。这个学期，同学们尤其兴奋，因为学校要组织他们去迪士尼活动！他们叽叽喳喳分组啊，讨论着带些什么好吃的、玩哪些项目啊。然后，就有点等不及了，非常的迫不及待了，芹菜这样描写自己等待的心情：

好漫长的等待啊

“一定要带手机，还有充电宝，手机和充电宝都要充满电……”

看到胡萝卜、香菇、芋头、山药蛋围成一团，在叽叽喳喳地说些什么，我也忍不住想挤进去凑个热闹。

“手机，充电宝……”

我一头雾水，心想：这些东西跟我们有什么关系呀？

于是我问道：“你们在说什么呀？”

“秋游！”他们异口同声地说道。

我挠挠头，说："这个打算得太早了吧？"

"不早了，"香菇说，"我们要去迪士尼，但是据说那里人特别多，排队至少要两三个小时，所以一定要带手机和充电宝。"

"对对对……"芋头一边点头一边说道。

我跑去找萝卜丝，问道："秋游什么时候？"

"10 月 13 日。"

"真的？"

"嗯。"

突然，辣椒打了一下萝卜丝，说道："那你干吗要这么早告诉我们呀，搞得我们又要等这么多天。"

我数了数，心想：辣椒说得确实没错，还有两个星期呢，十四天，好难熬啊！

过了一天又一天，时间仿佛有意磨炼我们的耐心，过得越来越慢，越来越慢……

唉！好漫长啊！我看着教室里的钟，好想把自己变变小，小到可以钻进钟里去，然后推着时针转啊转，转啊转，直接转到 10 月 13 日的早上 6 点。

看到这篇周记，萝卜老师笑了："你们看，有真情实感的习作就是好！那种期待，那种急迫，跃然纸上。用我手写我心，绝对是作文的不二法则！"

等啊等，盼啊盼，13 日，终于来了！这天，同学们真的像出笼的鸟儿，飞越地平线，在雷鸣山漂流，乘创极速光轮飞驰，做背包小飞侠……玩得不亦乐乎，到了晚上9点多还意犹未尽。

当然，一周一写的周记总会在拐角处等着他们。周一，一摞周记就摆在萝卜老师的办公桌上了。好像习惯了似的，萝卜老师先看金钱草的：

去迪士尼玩

这个星期五，我们在迪士尼玩，我们7:00就出发了，就往上海开去。我们1个小时就到了，下车已（以）后，我们进去的时候，必需（须）要检查我们的包，因为那里有的东西不能带进去。我们里面装了不透明的牛奶，那些检查的人，没有检查出来。

我们进去后，就风（疯）狂的（地）玩了起来，看到什么就玩什么。一个上午下来我和芋头玩了一两个。因为排队。我们就玩不了几个。后来遇见水班长和辣椒一起吃饭一起玩。

就这样我玩的比他们几个玩的（得）多，因为他们几个没有玩，因为排队太慢了。

我们下午比上午玩的（得）多。然后我们就去吃饭了……

我们过了一会儿，就上车了。

看到这里，萝卜老师心想，这篇的问题比上一篇的还要多，上次重写的那篇有点模样了，想不到这次又原形毕现了。作文的进步真是一个漫长的过程，这其中还要有多次的反复。嗯，再看看其他同学的周记有什么问题，找个时间一起讲评讲评。

又批阅了几篇，看到毛豆的周记，萝卜老师自语："就是它了！"

迪士尼游玩

今天，我很早就起来了，吃过早饭，我就到了学校。汽车已经停在学校里了，我以为我是第一个到教室的，谁知，我到了教室一看，许多人已经到了，我们就开心地讨论起来。

过了一会儿，青菜老师来了，叫我们排队，我们就排队上了车。我和好朋友雪菜坐在一起，我很高兴。在车子里，我们一会儿吃东西，一会儿听音乐，一会儿就到了。

迪士尼的门口真漂亮，我们在门口拍了照。然后进去检查包，检查好后，我们先去玩创极速光轮，创极速光轮速度很快，可我觉得很好玩。

然后我们就去玩七个小矮人矿山车，虽然我们用的是快速通道，但是还是排了大概半个小时的队。一开始我以为这就是过山车，谁知道比过山车刺激多了。

我们再去玩飞跃（越）地平线，排了好长好长时间的队，排得脚都酸死了。我在排队的时候还看见了萝卜老师和青菜老师。

飞跃（越）地平线出来，我们看米奇巡游。我看到了米奇，看到了很多穿着漂亮衣服的公主，她们一个一个从我的眼前走过去。

我们又去玩了雷鸣山漂流，排队的人还是很多很多。这个也很好玩，我们的衣服都湿了。

最后我们看了灯光秀，太好看了。看完了，我们就上车回家了。

迪士尼真好玩，下次我还要来。

哈哈，好一篇典型的流水账！萝卜老师笑着再看胡萝卜写的：

创极速光轮

“快！快！快！”刚进入迪士尼园区，百合就一个劲儿地催我。

我们的第一个目标当然是创极速光轮啦！

“来 Go，来 Go，来 Go!”她又催我，把“Let’s go”简缩成了“来 Go”。

我抱怨：“这路怎么那么长啊！”

“跟跑 50×8 一样。”

……

听说很多过山车有180度的大转弯，不知道创极速光轮会不会有？我边跑边想，越想我就跑得越快，恨不得能插上翅膀马上飞到那儿去。呼！总算跑到了那边。

“哗啊——”一阵尖叫声夹带着风声在我们的头上飞过。我惊讶地看着创极速光轮，觉得它像一条超现代的龙，在我头上“唰”地飞过去，又“唰”地飞过来。

啊？这么可怕啊？我愣了几秒：“百合，要不我们不要排了吧?”

“不行！这很好玩的。”她很坚决。

我其实既害怕又向往，想，不试一下怎么知道好不好玩呢？人生总有第一次的嘛！

排了一会儿，轮到我们了。光轮起步的速度很快，着实把我吓了一跳。等它开出去的时候，速度就更快了，我吓得浑身都软了，像一摊泥。我下意识地闭上了眼睛，连尖叫的力气都没有了。我只感到起起落落，风在我耳边掠过，肚子突然难受起来，我只好把肚子贴近座椅。闭上眼，闭上眼！跟在平地上没什么两样，我努力地催眠自己。可是，肚子还是很难受。快点啊！我在心里默默祈祷，快点结束吧！

“我还活着!”这是我下来说的第一句话。

“嗯，你还活着。”她的反射弧有点长，“创极速光轮太好玩了！我们今天还要来再玩一次!”

上课铃响了，萝卜老师捧着周记本，到了教室，眼尖的学生问："这堂课讲周记吗?"

萝卜老师道："是啊，有一段时间没有讲了，这节课我们一起来评论一下吧。老规矩，第一，不要猜测这些是谁的周记；第二，请大家积极发表自己的意见。"

萝卜老师先投影了金钱草的周记："你们先认真看一下，然后说说自己的意见。"

同学们的眼光都投到屏幕上来了，教室里很安静。一会儿，就有手举起来了。"萝卜丝，你先说说你的看法。"

"这篇周记没有写玩什么，看了之后，我不知道他在迪士尼玩了哪些项目。"

"是呀，"芹菜说，"他就写了检查的时候没有收掉他的牛奶，玩了点什么一个也没写。"

"我觉得检查包的内容不需要写。"胡萝卜说。

"遇见水班长和辣椒一起吃饭也用不着写。"香菇说道。

"这样的结尾也不行。应该写一写对迪士尼的印象，活动的感受。"百合也提出她的意见。

"同学们，你们同意他们的观点吗?"

同学们异口同声："同意!"

萝卜老师看见金钱草也跟着大家一起"同意"，便说："我们写游玩的作文，至少要写清楚你玩了什么，好玩不好玩。否则，你写得很辛苦，看的人却是一头雾水。你的爸爸妈妈看了你的作文或许会说，掏了钱让你去玩，你到底玩了没有啊？你好像什么也没玩啊?”

“哈哈哈……”同学们笑了起来。

“这就像你妈妈告诉你给你做了一碗肉丸汤，可是，你一捞，一个肉丸也没有，你是不是要有意见？你可能要说，这哪里是什么肉丸汤？分明是一碗清汤嘛!”

“清汤有什么好吃的?”辣椒叫道。

“是啊，清汤你们不喜欢喝，同样的道理，一篇清汤寡水的作文可没人喜欢看的。再强调一遍，写游玩类的作文，一定要写一写你游玩了什么项目，这就像肉丸汤，我们得让里面有肉丸。接下来，我们再来看一篇。”萝卜老师把毛豆的周记放到投影机上了，“看看这碗汤里有没有肉丸子。”

“有的有的!”几个学生兴奋地喊起来。

“有什么?”

“创极速光轮。”

“七个小矮人矿山车。”

“飞越地平线。”

“雷鸣山漂流。”

……

“是的，这篇写了好多的活动，这样写不错吧?”

有几个同学在点头。

“不对！萝卜老师讲过，这是在记流水账!”胡萝卜站起来，激动地说，“你们看，他从上车出发开始，写到上车回家，这样写也不行的。”

萝卜老师扫视了一下全班："大家觉得呢？"

"是的。"

"是的，是流水账。"

"你们知道什么是流水账吗？"

"就是用了什么钱记一下，再用了什么钱再记一下。"

"嗯，流水账最大的特点是事无巨细，每一笔都记录，用了一万元记一笔，用了一元也记一笔，而且，这种记录，是统一格式的，记录每笔钱的格子同样大小。这种账簿除了财会人员估计没人喜欢看。同样的道理，我们写活动类的作文，如果把游玩的每一个景点都用差不多字数的文字表现出来，就会很乏味，你明明活动得很开心的，但看的人觉得索然无味。怎样写好活动类的作文，我们之前讲过，可能有的同学当时听进去了，但是，过后就忘了。我一直说作文和做菜有很多相似之处，所以，今天，我以做菜为例，讲讲怎样写出来的作文才是吸引人的。问一下你们哦，你们是不是蛮喜欢吃炸鸡腿？"

萝卜老师知道，同学们在学校午餐，最喜欢的就是炸鸡腿。果然，他们兴奋地附和："是的，我们最喜欢吃炸鸡腿。"

"你们知道这样受你们欢迎的炸鸡腿是怎么做出来的吗？"

同学们当然是摇头了，现在的孩子，基本是会吃，但不会做。

"炸鸡腿的步骤大致分为焯水、腌制、裹蛋糊、油炸等几步，焯水 15 分钟左右，腌制需要大概两个小时，裹上蛋糊一两分钟就能搞定，油炸一般五六分钟。你们看，每一步所用的时间是不一样的吧？哪一步的时间最长？”

“腌制。”

“是啊，腌制的时间必须长，长了，味道才能进去，炸出来的鸡腿就好吃，如果平均使用力量，腌制的时间也是 15 分钟的话，那我估计你们不大要吃的。同样的道理，你们写活动作文的时候，不要平均使用力量，每一个环节都去写一写，每一个环节的字数都差不多。上车、下车不必写，要挑印象最深的来写，这样，重点就突出了。像这篇作文。”萝卜老师把胡萝卜的作文放到投影仪上，“看看这篇写得如何。”

“这篇写得好！”

“好在哪里？”

萝卜丝举手发言：“虽然只写了一项活动，玩创极速光轮，但是，这一项活动写得很具体，一开始写了很向往，后来写了有点害怕，后来又写了恐惧，就像那个炸鸡腿的腌制，把各种味道都腌制进去了。”

“我觉得这篇作文开头的对话描写非常好。我们平时心里很急时就是这样讲话的，来 Go，来 Go，来 Go！”香菇接着说。

“很不错，时间差不多了，我们再来小结一下：即使是做汤，汤里也要有内容；我们作文，不可写成流水账，要像炸鸡腿强调腌制一样，重点把你感受最深的活动内容写具体。”

萝卜老师敲黑板

写活动类的作文，要写清楚你活动了什么，活动的过程是怎样的，参加这个活动的感受如何，就如做一碗丸子汤，汤里一定要有丸子；写活动不要面面俱到，不要平均使用力量，要像炸鸡腿强调腌制一样，重点突出某一个部分。只有强调突出了某一环节，才能写出有味道的作文来。

想一想，如果你也游玩了迪士尼乐园，那你会把哪一个环节作为重点来写呢？

不走寻常路的野米饭

学校开运动会了，班中的体育健将在各赛区奋力争分，不参加比赛的同学在观赛区做啦啦队或者观赛者。萝卜老师坐在观赛区和大家一起观看比赛，萝卜丝自然挨在她边上。

“萝卜老师，你们小时候也开运动会吗？”萝卜丝问。

“当然开！也有广播操比赛，很隆重的。每次开运动会我都很激动。”

“你是运动员吗？”

“是的，短跑，接力赛跑。”

“那你拿名次吗？”

“我总是最后一名。”

边上的同学都笑起来：“哈哈哈……”

蘑菇忽然问道：“老师，你们小时候作业多吗？”

“我们？作业不多，都是在学校里完成的。回家是没有作业的。”

“哇！那么舒服啊？真好！”他一脸向往，“那你们的时间用来干什么呢？”

“用来玩啊！我们玩的花样可多啦！春天舔蜜蜂、烧野米饭，夏天罩知了，冬天做雪桥……”

“那么好玩的啊！萝卜老师，你们是怎样烧野米饭的？”胡萝卜、百合、香菇、蒲公英们凑过来了。

“我们那时的野米饭啊，说出来羡慕死你们！”

他们的眼睛瞬间亮了起来，做出准备羡慕死的表情。

“我们用两块砖做灶头，用蚌壳做锅，就近采一些蚕豆，剥成豆瓣，舀一点沟里的水，捡一些稻草柴，就可以做了。这样烧出来的豆瓣非常香。”

“我们也要烧！我们也要烧！”他们的口水马上要流出来了，“萝卜老师，好不好？好不好吗？”

“但是现在没有蚕豆啊！”萝卜老师摊开双手。

胡萝卜、萝卜丝、百合他们眼珠转来转去，突然，谁叫了一声：“有了！我们可以去菜场买啊！”

萝卜老师笑起来：“问题是菜场里也没有啊，这种是时令蔬菜，过了那个时令，就没了。不过——”

“不过什么？”他们的眼里又燃起了希望。

“菜场里有冷藏的豌豆卖，我们可以用豌豆代替蚕豆。但是，你们还得找蚌壳呢！”

“蚌壳去哪儿找？”

“到菜场里，跟卖河蚌的人要几个，或者可以去珍珠店，我看到一家珍珠店是现剖现做的，外面堆了好多蚌壳。”

“好的好的！”他们开始兴奋起来。

“那我们什么时候烧呢?”

“快点快点！越快越好！明天行不行?”他们激动得要跳起来了，运动会暂时被他们屏蔽掉了。

“明天怎么来得及？你们还要去准备东西呢。下周二中午吧。双休日你们去做些准备。”

“下周一，也来得及的。”

萝卜老师想了一想，道：“好，满足你们，下周一。”

“啊，萝卜老师真好！萝卜老师真好!”他们又蹦又跳的。

周一，同学们除了背着书包，还拎了各色的马甲袋，里面装有豆瓣、香肠、豌豆，甚至还有米，当然，还有大大小小的蚌壳。他们说，超市里有冷冻的豆瓣的。

吃过中饭，萝卜老师到教室一看，一个人影也没有，赶紧跑到楼下，看到同学们都在忙碌。他们有的找来砖块在搭灶，有的在捡柴火，有的往蚌壳里装豆瓣豌豆之类。忙活了一阵子，各小组都准备停当，开始生火。小朋友们哪会生火？这里刚引好火，那边就灭了。萝卜老师成了救火队长，跑来跑去给他们扇风点火。还好还好，火总算给足了面子，把大家的豌豆呀、豆瓣啊都烧熟了。

“我们可以开锅了吗?”水班长问。

“可以。不过，不能直接用手去揭蚌壳，很烫的。你们用调羹或者筷子轻轻地掀开上面的蚌壳。”萝卜老师边说边做了示范。

“噢，好吃好吃!”

“哇！怎么这么香啊！”

“再给我一颗呀，你不要吃那么快啊！”

他们也不怕烫，一边呼呼地吹着，一边忙不迭地往嘴里送。

“萝卜老师，我们什么时候再烧啊？”

“还没结束呢，”萝卜老师笑道，“你怎么又要开始了？”

辣椒睁大眼睛：“吃好了不就结束了吗？怎么还没结束？我们可以继续烧嘛！”

萝卜老师忍住笑，说：“想得美！我们接下去还有个任务，把这次活动写下来，羡慕死别人，好不好？”

“好！”

“好！”

听到写下来可以羡慕死别人，他们的热情瞬间高涨起来。

“那你们收拾一下，我们回教室去说。”

回到教室，午读铃声正好响起，萝卜老师问：“刚才做野米饭开不开心？”

“开心开心真开心。”辣椒抢先表态。

“为什么开心呢？”萝卜老师追问了一句。

“因为好玩啊！”

萝卜老师笑着说：“嗯，那我们的作文也要好玩一点才好。你们想，那么一次有趣的活动，如果你们写得太死板了，我估计野米饭也会哭泣的。”

“哈哈哈，野米饭早就被我们吃进肚子里了，它想哭也哭不出来。”山药蛋开心地说。

“眼泪也会在肚子里流的哦，”萝卜老师笑，“怎么写得好玩呢？我们可以向野米饭学习。”

“向野米饭也能学习？”辣椒惊讶极了。

“是啊，我们学习它的不走寻常路啊。你们想啊，我们平时做饭都在家里的厨房里进行的吧？可是，做野米饭在户外。我们平时都是用电饭煲、炒锅做饭菜的吧？可是，做野米饭用的却是蚌壳。因为它的不寻常，所以你们觉得好玩。所以，我们这次作文也可以尝试着不走常规作文路。”

“那怎么写呢？”

“可以尝试着从不同的角度写。举个例子，比如，写父母关心孩子，很多学生第一个想法就是写自己生病了，父母没日没夜地照顾自己。这情景估计大家都经历过。因为我们不可能不生病吧？生病了父母不可能不焦急吧？但是，这样的题材写得多了，价值就不大了。人家嚼过多遍的甘蔗你再嚼一遍，就一点味道也没有了。如果另辟蹊径，像朱自清写父亲的背影一样，那对读者的冲击力还是很大的。”

“背影？”

萝卜老师一听，想，这些小孩还不知道《背影》这篇文章，便道：“我们写人，一般写其正面的形象，写浓眉大眼、柳眉杏眼等，但朱自清独出心裁，写父亲写了一个背影，一个肥胖的背影，吃力地翻过铁轨，到对面的月台给自己买橘子。本来他还嫌父亲多事，但看到那背影忍不住流泪了。这篇文章很感人。”

“那我们写烧野米饭如果另辟蹊径，该怎么写呢?”胡萝卜问。

“问得好！我正想问你们呢！这样，给个提示，烧野米饭，常规的写法是怎么样的?”

胡萝卜回答：“按事情发展顺序写喽，先写准备，再写生火，然后写烧火，最后写大家抢着吃。”

“嗯，是的，”萝卜老师点头，“你们可以尝试着颠覆一下，不按常规走，专门抓取某一方面来写。不加重你们的负担，这周的周记你们就写写这个吧。”

“耶——”集体欢呼起来。

周一，周记交来了。为了让其他班的同学羡慕死，同学们也真铆足了劲儿，写得有趣又好玩。好几个同学果然尝试着不走寻常路，比如水萝卜，专门写生火。

与火斗争到底

上下合拢的蚌壳放在竖起的砖上，蚌壳里可没有河蚌，它装着水、米和豆子。蚌壳下面，堆着一些柴火，一切准备就绪，我们与火的交锋开始啦！

第一回合：生火

我和蘑菇点燃了报纸，塞进灶膛里。可是它没有引发熊熊烈火，而在一旁自生自灭了。

好吧，再来一次。第二条燃烧的报纸塞进去了，我特意用木棒捅了捅它，让它快点引燃柴火。但是很不幸，被我捅灭了。

第三条报纸开始进灶了。终于，柴火吐出了火苗，可后面的麻烦接踵而至。

第二回合：燃烧

我们勤快地往灶膛里添柴，可是收效甚微，火苗对这些新面孔不理不睬，结果火势越来越小，最后只见冒烟了。我赶紧又塞进了一张报纸，并用棒子捅了几下，火苗又蹿出来了。

经过几次折腾，柴火时断时续地燃着，但火势不旺。关键时刻，山药蛋赶紧用报纸一扇，火势变大了。

第三回合：烟熏

边扇风边加柴，十分有效，但火一大，它桀骜不驯的本性也露了出来。烟，不停地骚扰着我们的眼睛。我被熏得眼泪直流，只好背过身去。当我再转身一看时，火又变小了。我只好不停地扇风，火苗又蹿起来了。

反复几次，得想个对策终止这种恶性循环。我把报纸盖在灶头上，烟少了好多，却惹来了更大的麻烦。

第四回合：火燎

那张遮烟的报纸烧起来了！情急之下，我用木棒拨开了它。这张报纸在地上继续燃烧着，火舌蹿上来，几乎有一尺高！我刚想灭火，别的组的同学都跑来把火种“移植”到自己已经灭掉的柴火上。

与火斗争了近一个小时，野米饭烧熟了。我们吃得津津有味。虽然火给我们带来了不少麻烦，但它还是完成了自己的使命。

萝卜老师敲黑板

写作文并非一定要中规中矩，跟在人家后面亦步亦趋。我们完全可以另辟蹊径，尝试着从不同的角度去写，会有意想不到的效果。比如写烧野米饭，完全可以抛开常规的准备、生火、抢吃等写作顺序，专捡其中一个点来写。

用蚌壳烧野米饭，非常有趣，想必你跃跃欲试了吧？心动不如行动，去菜场要两个蚌壳，买点或者采点豆子，捡一些柴火，去烧一次属于自己的野米饭。那味道，啧啧，想要忘记都难。

像发木耳一样膨胀作文的体积

午餐时间到！每天的午餐，学生期待，老师也期待，虽然学校的网站每周发布午餐菜单，但老师们故意不看，就等着揭开餐盘的那份惊喜：一个上午过去了，午餐会怎样慰劳我们呢？

哟，马上要揭晓今天的午餐谜底了！小葱打开餐盒：“啊，牛仔骨！喜欢！木耳炒腐竹，不喜欢；番茄炒蛋，喜欢！”说着，拿眼瞧着番茄老师，嘻嘻地笑。

番茄应声笑怼：“哦哟，你难道没看见番茄炒蛋里有小葱的？这小葱生青碧绿，很诱人呢！”

“哈哈，你们看，这牛仔骨里还有什么？洋葱哎！”萝卜老师对着洋葱老师笑。

“萝卜老师，你今天要变成办公室的公敌了。嗯哼，下次，萝卜烧肉的时候，你看我们怎样大口大口地吃萝卜！”

“哈哈哈哈，哈哈哈哈……”半亩塘笑声一片。

萝卜老师一看，自己变成他们的目标了，看到小葱把黑木耳扒拉到一边赶紧转移话题：“小葱，你不喜欢吃黑木耳？”

“是的，从小就不吃。我小时候，觉得那么黑的东西怎么能吃呢？就一直拒绝吃，到现在也不敢尝试。”

洋葱老师撇撇嘴：“你这不吃的理由也算是奇葩的。我觉得发开后的黑木耳蛮好看的，半透明，而且黑木耳营养丰富，我们家经常吃的。凉拌木耳啊，木耳炒肉片啊，都很好吃的。”

“发开后的黑木耳……发开后的黑木耳……”萝卜老师停止了吃饭，出了一会儿神，突然道，“哎——对了！”

“什么对了？”小葱也停止了扒饭。

“我刚才突然有了一个新发现！”

“这发现能得诺贝尔奖吗？”

“少来油腔滑调，你这个偷马偷！”萝卜老师道，“你们看，没有发开的黑木耳是皱巴巴的，一点也不具美感，摸上去硬邦邦的，甚至有点硌手；但是，一旦发开，很饱满，很好看，有的像一只耳朵，有的像一朵盛开的花，摸起来软软的、滑滑的。这和我们学生的作文很像哎！”

“萝卜老师，I 真服了 You 了，人家三句不离本行，你两句不离作文。”洋葱笑道。

“那当然啦！我现在一直在琢磨作文就如做菜，越琢磨越觉得有道理。你们想，学生写得干巴巴的作文，像不像那些没有发开的皱巴巴的干木耳？”

“嗯，像的，很像！萝卜老师，这个说法太新奇了！那些没有写具体的作文，干巴巴的，像极了那些皱不郎当的木耳。”

“是啊，我刚才的发现是，学生写作文，完全可以像发木耳一样，膨胀作文的体积。”

番茄老师这次正经了起来：“发木耳只要用水就可以了，这作文怎么发呢?”

“不难，就是写具体啊。语言描写、动作描写、神态描写、心理活动描写、外貌描写，等等。”

“讲嘛是这样讲，但是我觉得要学生这样写好像有困难。”番茄老师托着腮，做出一副沉思的样子。

“其实，真不困难的。以语言描写为例，你想，作文是反映生活的，在我们的生活中，大多是用语言传递信息，表达自己的意见和想法，对吧？就像我们现在，一直在进行着对话。可是，学生，加上我们的部分老师，往往会忽视这个问题。有学生曾跟我说，他写作文从来没有语言描写的。其实，语言描写具有相当的表现力，从语言描写中，你可以看出人物的性格特点、学识涵养、喜怒哀乐。这样，吃过饭我给你看一篇我班萝卜丝在三年级的时候写的一篇周记，你看过后我们再探讨一下。”

饭后，萝卜老师从电脑里找到了那篇周记，招呼番茄老师过来看。番茄老师俯下身，认真看起来。

小　蝌　蚪

星期天，我走到阳台看我种的植物，发现了我们从绍兴带回来的蝌蚪已经长出了四条腿，就激动地对爸爸妈妈说：“你们看，蝌蚪已经长出了四条腿!”

“真的哎！看来要把它们放到河里了，等一会儿出去的时候就放。”爸爸听了我的话跑过来说。

我们出门的时候，忘记带蝌蚪了。妈妈喊住我：“你不是要把蝌蚪放到对面的那条河里吗？”对哦，怎么把它给忘了？

路上，妈妈说：“你把绍兴的蝌蚪带到嘉兴来了，它们的亲人会不会到嘉兴来找它的孩子呢？”

“也有可能我们带回来的是一家四口呢！”我一本正经地说。

爸爸发话了：“这些蝌蚪宝宝是乘我们的车来的，那它们的爸爸妈妈会不会是乘别的车来的呢？”

“有可能，”我笑了笑说，“也有可能会顺着河游来，在途中变成青蛙了，然后在陆地上跳，最后闻着孩子的气味来到了这条河。”

妈妈听了我与爸爸的对话，不禁笑了起来说：“那万一我们在路上看到有青蛙，有可能就是它们的妈妈！”

在这有趣的对话中，我们把小蝌蚪放进了河里，让它们自由地长大！

“写得真有趣！”番茄老师赞道。

“是啊！你看，这里写的是生活中一个很小的截面，一家三口周日在阳台和路上的对话，非常有情趣。你看，这篇周记基本由人物的对话组成，对吧？”

番茄老师点点头，忽然想起了什么，到自己办公桌上翻了一会儿，找出一张纸，道：“你看，这是我班一个学生写的去迪士尼玩的周记，可能比干木耳还要干。”

今天，我们去迪士尼乐园玩，我玩得很高兴。

蔡子杰叫我和他一起去玩创极速光轮，我看它速度很快，有点害怕，就不想去玩，但他拉着我去，我只好去玩了。创极速光轮开得很快，我只听见风在我耳边呼呼地响，我很害怕，于是闭上了眼睛，这才感觉好了一点。

……

“像这个同学的周记，完全可以凭借对话去展开啊，”萝卜老师指着第二段道，“这里，蔡子杰叫他去玩创极速光轮，总会说话吧？这位同学有点害怕，不想去，也是通过说话告诉蔡子杰这层意思的吧？我来模拟一下他们的对话：‘某某某，走！我们去玩创极速光轮去！快点呀！’‘我有点怕，我们不要玩这个，还是玩其他的吧。’‘怕什么？那么多人都在玩，去吧。来来来，我们快点排队去。’”

“哈哈哈，萝卜老师，你真会编。”

萝卜老师正色道：“我是不提倡编情节的，这种记述事情的，我觉得应该尊重事实。刚才我只是模拟一下现场场景，当时他们肯定有一段对话，把这段对话呈现出来，就能表现出蔡子杰的急迫，那位同学的害怕。这样，干木耳就发开了呀。”

“对哦，这样写应该不难，我想点拨一下同学们能做到。可能动作描写更为同学们所忽略。”

“是的，我发现同学们在书面表达的时候，动作描写最为薄弱。其实，我们语文课本中有好多这样的描写供我们学习，”萝卜老师打开语文书，翻寻起来，“喏，这篇，《小摄影师》中的这一段：‘过了一会儿，小男孩站在高尔基面前了。他仔细打量着高尔基，咧开嘴笑了，然后用手指了指沙发，说：“请您坐在这儿看书。”’这里有很多动作描写，像站啊，打量啊，咧开嘴啊，指了指啊等，这样一写，写出了小摄影师的范儿，你的脑中就留有人物活动的轨迹，你可以闭着眼睛想象这个画面。这时候，干木耳就发成了盛开的花朵。如果没有发开，大概就这么干巴巴几个字：‘小男孩让高尔基坐在沙发上。’你看，课本上写了 37 个字，干巴巴的可能就是这 12 个字，相差可不是一点点呢。”

“是的是的，大部分学生会这样表达：小男孩让高尔基坐在沙发上。过去我觉得这样写已经很不错了，句子很通顺，有些学生句子还写不通顺呢。”

“可能学生还没有这个意识，我们注意引导，他们的这部分意识就觉醒了。我记得萝卜丝有一篇作文，动作描写是不错的，待我把它找出来。”

“螃蟹，别跑！”

吃饱喝足后，我们就去芦苇丛中玩捉迷藏，躲着，玩着，我们看到了一个叔叔老远叫着我们：“喂，来捉螃蟹！”

叔叔摊开手正要给我们看，一只螃蟹就乘机逃跑了。祺祺急了，想翻开石头找，可是石头太沉，他拼命叫，我和豆豆帮他一起搬，石头终于松动了。螃蟹见到动静，迅速往水里钻，“别跑……”话音未落，它就不见了。

接着，我们开始新的寻找。突然，祺祺发现了一个“巨无霸”。它刚想跑，就被我用石头挡住了去路。“看你往哪儿跑？”我得意地说。我的那块石头起了作用，祺祺迅速地抓住它放进瓶子里。

随后，我们又抓到了大大小小好几只。但是，事情不会总是那么顺利，就在豆豆想要过去抓大螃蟹的时候，祺祺挡住了他，豆豆因为重心不稳，一脚踩在烂泥里，鞋子陷了进去。他单脚无法动弹，多亏了祺祺，是他用了九牛二虎之力才帮他拔了出来。可是，螃蟹早就跑得无影无踪了。

我们玩得忘了时间，那个把我们带到螃蟹世界的叔叔也不知去了哪里。

萝卜老师看着屏幕，又发现了一篇：“噢，还有一篇，也蛮不错的，其中写到的三次擦鼻涕，可把我笑的。”

世界第一奇葩

“山药蛋，听写！”我推了推山药蛋的椅子。

山药蛋头也不回，答道：“好的，等一下噢。”

“第一个：棚架。”

“什么？驾崩，皇上驾崩了？”我故意没有听清楚。

山药蛋笑倒了，说：“棚架，不是驾崩。”

“假棚?”我憋着笑说。

“棚假，噢，不对，是棚架。”他被我传染了。

“噢，棚假，我写了。”我假装把棚假写在上面了。

山药蛋装出无奈的样子：“噢哟，棚架呀!”他又笑了。

最后，我还是把棚架写了上去。

他擦了擦鼻涕，对我说：“第二个，归巢。”

“哪一种龟的巢?”

“是鸟回巢不是乌龟巢呀!”他说着，把鼻涕纸在我的本子上蹭了一下。

我大叫：“喂喂喂，你什么意思，快回你老窝去，不听了，不听了！走，走走。”

山药蛋丢下一句：“你真奇葩。”又擦擦鼻涕，走了。

“这个萝卜丝怎么写得那么好?”小葱老师又给她点了一次赞。

“我记得和你们说过，这小女孩看书很多。我一直认为，提高作文表达能力的最佳途径就是读书，多读书。书读得多了，词汇也就积累多了，表达也能多角度了，描写具体也就能得心应手了，作文的体积就膨大了。”

小葱激动道：“我也要让我们班的同学多读点书，学会把木耳发大的本领。”

“是啊，多读书。刚才我们讲到外貌描写，明清时期的很多章回小说，人物一出场就是一大段外貌描写，把人物写得栩栩如生。记得《三国演义》中，写刘备‘生得身长七尺五寸，两耳垂肩，双手过膝，目能自顾其耳，面如冠玉，唇若涂脂’，《红楼梦》中，王熙凤出场那段‘一双单凤三角眼，两弯柳叶掉梢眉，身量苗条，体格风骚，粉面含春威不露，丹唇未启笑先闻’写得很是传神。读书的时候，注意积累和揣摩，那么自己写起来，应该是很得心应手的。”

萝卜老师敲黑板

没有写具体的作文，就像没有发开的木耳，干巴巴的。我们要像水发木耳一样，用语言、动作、神态、外貌、心理活动等描写，把干巴巴的木耳发成饱满的花朵。

动一动手，把这盘皱巴巴的木耳水发一下：

今天，我考试考砸了，我很害怕。回到家，妈妈把我骂了一顿。

（提示，我们可以这样去发这盘“木耳”：写清楚今天考了什么试，得了什么等第；“我”害怕的是什么；妈妈看到试卷后的表情是怎么样的，她说了什么话，她又做了什么。）

食材都没见到，怎能做出菜来？

很快地，又要进行单元习作了。这次的习作要求是留心观察周围的事物，把观察到的写下来。

鉴于上一届学生在完成这篇习作时有胡编乱造的现象，萝卜老师在课堂上强调，动笔之前一定要进行观察，认真仔细地观察，然后像照相机一样真实地记录观察的对象，不可以凭着自己的想象去写。

“给你们三天时间去观察，注意它们的变化，第四天我们完成这篇习作的草稿。”

尽管萝卜老师打了预防针，但是草稿交上来时，还是发现部分学生有胡编之嫌疑。比如，辣椒这样写他家里的虎刺梅：“今天，我把虎刺梅搬到阳台上，浇了点水，看它有什么变化，我看它半小时后长高了 1 厘米，又过了半小时长高了 2 厘米。哇！原来植物在一天里能长高 1～4 厘米。”

看到这里，萝卜老师笑了：“虎刺梅有这样长的？半个小时长 1 厘米，一个小时长 2 厘米，小孩子也真敢写。”

毛豆写的是桂花树：“我们学校体育办公室门前有两棵桂花树，这两棵桂花树很高，比我高 30 厘米，它们的树冠很大，比我爸爸的肚子还要大，桂花树开出的花不大，像豌豆一样大小……”

吃过中饭，萝卜老师走进教室：“同学们，刚才的菜好吃吗？”

“好吃好吃！今天的土豆烧排骨超好吃。”辣椒大声道。

“如果我告诉你们，今天厨师厨房都没进，排骨和土豆都没见着，就烧出了这么好吃的菜，你们相信吗？”

“怎么可能？”又是辣椒的大嗓门，“他厨房都没进，东西都没见，那他怎么烧啊？”

“对啊，我想再有本事的厨师都做不出这样的菜来的。可是，我们班就有这样本事的人。”

“啊？谁啊？”

“谁？”

“谁这么厉害？”

顿时，教室里热闹起来，同学们左顾右盼，好奇哪个人竟然这么厉害。萝卜老师见同学们的注意力被成功地吸引过来了，便道：“谁呢，我不告诉你们，但我让你们看看他们做出来的菜。”

“唰”的一下，目光齐刷刷地投向萝卜老师。“菜在哪里？”心急的学生问。

“我常和你们说，我们写作文呢就如厨师做菜，写作的素材就像做菜的食材，写好的作文就如那盘做好的菜。”萝卜老师投影了毛豆的草稿，道，“这就是那位小厨师做出来的菜。”

同学们向屏幕探着头，一会儿，教室里响起了议论声：“不对啊，体育办公室的桂花没有那么矮！”

“树冠和肚子怎么能比？”

“桂花有豌豆那么大吗？”

萝卜老师见时机成熟，便道：“你们觉得这位小厨师最大的问题在哪里？”

“他肯定没有观察过！”

“他在瞎写。”

“他说桂花树比他高 30 厘米，难道他去量过？”

“我知道了，萝卜老师刚才说的没进厨房的厨师，就是说他没有进入那个地方，没有仔细观察过。”

萝卜老师问：“现在你们愿意去观察一下桂花吗？”

“好啊好啊！”

同学们高高兴兴地来到体育办公室门前，一阵浓郁的香味钻进他们的鼻孔，他们七嘴八舌起来：“哇！好香啊！”

“香得我快要晕掉了。”

“用桂花做香水肯定很好卖！”

“你们看！这么多的桂花落下来了！”胡萝卜叫道。

“真的哎！那么多！”几个女生弯腰捡桂花，“桂花那么小啊？”

“是啊，桂花就那么小啊，你们没有观察过？”萝卜老师见毛豆站着，就说，“毛豆，你也去捡几朵桂花，看看它有多大。”

萝卜老师又说：“来，你们过去比一比，看看这两棵桂花树比你们高多少。”

同学们叽叽喳喳地，围在桂花树周围，踮起脚比画着：“比我的两个人还要高呢！”

“再看看它们的树冠，有多大？”

“比外面的广告伞大多了。”

回到教室，萝卜老师道：“这样观察下来，有什么收获？”

萝卜丝道：“我以为观察就是看一下而已，原来是要这么仔细地看的。”

胡萝卜道：“我虽然天天看见这两棵桂花树，但我从来没有去认真看看这花是怎么样的，现在我知道了。”

萝卜老师道：“是呀，认真仔细地观察，就是要用眼睛去看，要用手去摸，要用鼻子去闻。我们一位同学还用尺子去量。”

“用尺子去量什么？”同学们又好奇起来。

“量虎刺梅一个小时长高多少。”

“多少？”

“他说一个小时长 2 厘米。”

“虎刺梅？怎么可能？我们家就有一盆虎刺梅，养了好几年也就——”水萝卜用两只手比画一下，“也就这么点高，怎么可能一个小时长 2 厘米？”

“我办公室也有一盆虎刺梅，你们注意过吗?”不出萝卜老师的意料，好多同学在摇头，“这盆虎刺梅也养了两年了，不高，十几厘米的样子。所以，这位同学，可能也是一位没有走进厨房接触过食材的小厨师。”

“那萝卜老师，写得好的作文有吗?”

“当然有，给你们看一篇。”

爱吃苹果皮的白玉蜗牛泡泡

前几天，我买了一只白玉蜗牛，它的壳像海螺一样，有着一圈一圈像气泡一样的花纹，独特极了，所以我给它起名叫“泡泡”。泡泡的眼睛长在触角顶端，很小，小得让人忽略。

我知道，蜗牛喜欢吃菜叶，但它不止吃菜叶吧？我这样想着，从冰箱里取出一小块猪肉，切成细条，放在它的眼前，然后就饶有兴味地观察起来。

起初，泡泡看都不看一眼，慢吞吞地爬到窝（其实是个装橡皮泥的透明盒子）里去了。我有点扫兴，心想：它大概不饿。于是，我拿走了所有的菜叶，准备先饿它一顿。大半天过去了，我又去看它的动静，它对身边的猪肉条还是无动于衷。我把菜叶放了回去，它这回吃得可欢了！

我想，它不吃生猪肉，熟猪肉可能爱吃吧，结果发现，它依旧不吃。我于是改换成鱼肉，用的是小黄鱼尾巴上的肉。经过几番观察，我发现，泡泡的耐饿能力非常强，它宁可饿肚子也绝不吃我给它的“美味”，它好像怕腥，远远地爬开了，像是远离“毒品”。我又将妈妈为我做的鲜美可口的清蒸黄鱼肚子上的肉分一点给它，就像妈妈喂孩子，可是我的泡泡不能理解啊，它就是绝口不吃。我想它是蜗牛，又不是猫。我于是作罢，又继续给它吃菜叶了。

我想，它不吃鱼类肉类，大概喜欢吃水果吧。

我先试了橘子。我把橘子掰开一瓣放它窝边，又放了些橘子皮。过了一会，我再到它跟前，看到它把橘子当玩具，爬到上面不下来，但也不吃。看到它晃晃悠悠地待在单瓣橘子上，我笑破了肚子，我的泡泡真可爱。

我最爱吃苹果了，泡泡喜欢吗？我从刚买来的苹果里选了一个又大又红的，削了皮，切成片，然后我就准备和它一起吃了。我分享了绝大部分，拿了两小片放它窝里，苹果皮也一并给了它。过了好长一段时间，我再去看，我真不敢相信我的眼睛，泡泡居然开始吃苹果皮了！它是不是把苹果皮当成菜叶了？我之后又反复试了几次，屡试不爽，它竟然喜欢吃苹果皮！

泡泡真有趣，喜欢吃苹果皮，今后我们可以合吃一个苹果了，我吃苹果它吃皮。

“大家都看完了?”萝卜老师问，见同学们点头，继续道，

“这是一篇很好的观察作文，观察集中在一个点上：蜗牛吃什么，有过程，有结论，带有一点实验的性质。这篇作文是蘑菇同学写的，他应该连续观察了好几天。蘑菇，是不是?”

“大概一个星期吧。”

萝卜老师开始小结：“同学们，我们写观察类作文，一定要进行实地观察，并且要观察到位，这样写出来的作文才真实可信。这次凭空想象的作文都要重写，重写之前好好观察。记住，连食材都没见到的厨师是无论如何做不出菜来的。”

萝卜老师敲黑板

要做出菜来，必须和食材进行亲密接触，写观察作文也是如此。要写出一篇真实可信的观察作文，一定要对观察对象进行认真仔细全方位的观察，有时我们可能需要连续观察好几天，绝对不能凭空想象。

请你做一做：连续观察你家的一种小动物或盆栽植物，看看有什么发现，然后把你观察到的写下来。

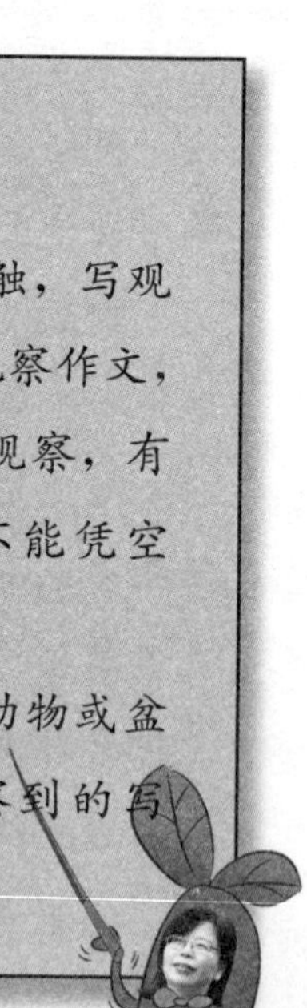

切菜在先，做菜在后，先后顺序不能颠倒

又是周一了，学生的周记又集中到萝卜老师的办公桌上了。萝卜老师发现，学生的周记越写越好，题材越来越丰富，记述越来越有趣。读学生的周记，简直有一种大快朵颐的感觉。萝卜老师津津有味地读着，读到蒲公英的那篇《香菇的苦衷》，实在忍不住，大笑起来。且看蒲公英写了什么：

我们班里有两个臭屁王，都是香菇的邻座，一个在她的右边，一个在她的后面。他们两个负责放不同的臭屁，蘑菇负责放“闷”屁，土豆负责放响屁。本来有一个臭屁王已经够臭了，现在两个臭屁王放在一起，臭上加臭，这就苦了坐在他们俩旁边的香菇，新鲜空气几乎和她无缘。

“噗——”土豆撅起屁股，放了个超级无敌响的臭屁，嗯，这个臭屁啊！臭的我实在要吐了，不是有好多人说臭屁不响，响屁不臭嘛！怎么土豆的响屁会这么臭？估计他是吃了很臭的东西吧！

香菇边上臭气熏天了，可谁又能想得到，蘑菇也来凑热闹，只见他轻轻地抬起屁股，“噗——”一阵轻微的响声后，一个屁诞生了！臭气向四周蔓延开来。蘑菇又轻轻地放下屁股，若无其事地继续看着书，好像这一切跟他没有关系一样。

“哇！臭死我了！”

“好臭啊！”

周围的人已经快不行了，一手捂着鼻子，一手拼命地扇，想扇走这臭气。香菇拿着餐巾纸，把鼻子捂得紧紧的，生怕臭气从餐巾纸里钻进去，把自己给熏倒。

终于，臭气渐渐散开，啊，终于可以呼吸到新鲜空气了，可是高兴不到 5 秒钟，噗——噗——两个臭屁王又接着开始污染空气了，放了两个超级无敌臭的“招牌屁”，香菇立刻又淹没在臭气中了。

“哈哈哈哈，哈哈哈哈……”萝卜老师再也忍不住，大笑起来。

小葱老师有点好奇：“萝卜老师，你笑什么？”

“你看看这篇。”萝卜老师把蒲公英的周记本递给她。

小葱老师边看边笑，笑到后来不可抑制：“哈哈哈哈，笑死我了！萝卜老……师，哈哈……这屁……哈哈哈……都能写吗？”

“屁呢，一直是上不了台面的，但是，生活中确实存在着。

我个人认为，存在于生活中的都可以写啊，就像能吃的都可以成为食材一样。”

“有道理。”

萝卜老师继续她的饕餮大餐，看到丝瓜的《捉鱼》，不禁皱了皱眉，心想，学生习作的时候，有时候会忽视逻辑，想到什么就写什么，也不管在逻辑上是否说得通，得和全班同学谈谈这个问题。

到了班里，萝卜老师问大家：“同学们，虽然你们可能不做菜，但做菜的大致顺序是了解的吧?”

“嗯！是的!”他们用力地点点头。

“那么，我问你们一个问题，切菜和做菜谁在前面谁在后面?”

“当然是切菜在前面!”同学们觉得奇怪，这问题也值得一问啊?

“问题是，我们有的同学在写作文的时候，先做菜，再切菜。”

“啊?”小朋友们觉得不可思议了，“怎么可能?”

“给你们看一篇作文，看看有没有这方面的问题。”萝卜老师投影了《捉鱼》，同学们立刻安静了下来，专注地看起来。

在我的家乡春丽桥村，一进村就看见了一片超大的湖泊，那可是捉鱼的好去处。

这不，我和爸爸拿出渔杆（竿）和渔网，把手头的东西放下，就跑出去捉鱼了。我们穿上捕鱼战袍，拿上渔网抓鱼啦！我们将渔竿放上蚯蚓当鱼饵；然后将渔竿架在岸上等鱼上钩，鱼儿们在水上跳跃、旋转，优美极了，好似在进行一场激烈的舞蹈大赛呢！爸爸呆（待）在渔竿附近一边看着渔竿，一边捉鱼。我则在浅水区捉鱼，我眼疾手快捉住一条大鱼，可淘气的它一下子从我手中溜走了。我可不气馁，继续捕捉。这次我和爸爸合作，他盯着水面，看鱼跃出水面，一个箭步，双手合拢夹紧手腕，我赶紧递上鱼篓。“抓住了，抓住了。”我兴奋地跳起来。就这样，不一会儿我们的鱼篓已经满满的了。渔竿边上的大盒子也满满当当的了，“哈哈哈哈！”我欢笑着，“今天有鱼汤喝了，哈哈，哦耶！”“别笑了，我们今天吃好鱼肉，剩下的鱼儿要放回水里的。”爸爸提醒道。“哦对哦，我们可不能浪费了！”第二天，一大早我们就把鱼儿放了。

这次抓鱼的经历让我终生难忘，我希望下次可以带着小伙伴一起去体验。

“老师，我发现问题了，那里——”萝卜丝指着屏幕，“第二段，先说拿出渔竿和渔网，再写放下手头的东西，不对啊。总不是拿着手里的东西去找渔竿和渔网的吧？应该是放下东西去找渔竿和渔网才对。”

胡萝卜接着发表看法：“还有，他接着写穿上战袍抓鱼，然后写爸爸钓鱼，然后再写捉鱼，感觉很乱，好像一会儿切切菜，一会儿又做做菜，然后又回过来再切切菜。”

“不对吧？我觉得这篇写得不真实啊。”土豆道，“鱼从水里跳出来，怎么会抓得到？你又不可能事先知道鱼想跳出来吧？在水里也不可能一个箭步，在水里是走不快的。”

萝卜老师笑问同学：“他们几个讲得有道理吗？”

辣椒抢着发言：“有道理！而且，我觉得一下子钓那么多鱼也不可能的，我看那些钓鱼的，钓老半天才几条鱼。还有，怎么会把鱼放了呢？又不是到庙里去放生。”

萝卜老师一听，虽然同学们评着评着，评到习作的真实性方面去了，有点带歪节奏的感觉，但还是很高兴，因为他们在分析，在思考。她立即予以鼓励：“刚才，你们在认真阅读的基础上发现问题，提出自己的意见，非常好。作文要真实地反映生活，这点非常重要，否则，同学们分分钟就能把你问倒。”

“还有，写作文的时候，我们要注意句子的前后关系，哪句在前，哪句在后，要动脑想一想。我们考试的时候，经常会碰到排列句子的题目，对吧？”

“是的。”

“知道为什么要排列这些句子吗？”

“因为它们排列错乱了。”

“那你们是根据什么来重新排列的？”萝卜老师问。

“根据句子和句子之间的关系。”

“是啊，如果是按事情发展顺序写的作文，就把先发生的写在前面，后发生的写在后面，不要颠倒。我们常常会修改一些病句，比如：我们记录并收听气象消息。你们说，记录和收听哪个在先，哪个在后？”

“收听在先，记录在后。”

“先放下手中的东西，还是先找渔竿和渔网？”

“先放下东西，再找渔竿和渔网。”

“那你们能不能修改这篇作文？”

“能！”

“那好，等会儿我去复印一下，发给你们，作为今天的一个作业。”

萝卜老师敲黑板

作文的表达有一定的顺序，比如按事情发展顺序写的，那我们就要先发生的先写，后发生的后写，这就如先切菜后做菜一样的道理，这世上永远不可能发生先做菜再切菜的事情。我们作文的时候，写好后认真读一读，应该能避免此类问题的发生。现在，请你伸出援手，帮助丝瓜修改一下她的作文吧。

丢了芹菜茎，留下芹菜叶就不对了

每天，萝卜老师照例是很早就到学校的，到了学校，总是先要去百草园看看，然后回办公室搞搞卫生。这天早晨，她从百草园转回来，就开始办公室的打扫。她拖开小葱的椅子，看到纸巾啊、橘子皮啊、写有字的纸片啊，散乱在桌子底下，摇摇头，想，这根葱也真是的，外面光鲜水嫩的，里面这么乱乱的。自己这一亩三分地都没管好，怎么教育学生保护环境卫生？

扫好后，准备拖地，小葱一路笑进来，萝卜老师问："有什么好笑的事？那么开心？"

"刚才经过一年级办公室，李老师他们站在门口着急，他们的锁坏了，进不去。小朋友建议，给小偷打个电话，哈哈哈……"

"哈哈哈哈，这些小朋友的逻辑真是可爱。"萝卜老师听了也忍不住笑起来。

"小朋友可爱，我这根葱也很可爱的呀，"小葱老师就地转了个圈，她那水葱似的绿裙子陡地张成了喇叭状，漾起一片鲜亮的绿色，然后喇叭慢慢收拢，收成几道褶皱，轻荡在腿边，“怎么样，好看吧？”

“超好看，越来越像一根葱了。”

“萝卜老师，”小葱忽然嘻嘻一笑，想起了什么，“我妈总说我不会做家务，四体不勤五谷不分。昨天下班回到家的时候，我看到我妈准备理芹菜，就说，我来理。结果被我妈说了一顿。”

“为什么？”

“因为我把芹菜的茎都理掉了，把叶子留下来了。”

萝卜老师惊得停止了拖地，问她：“你没理过芹菜，总吃过芹菜吧！难不成不知道你吃的是芹菜的茎吗？”

小葱老师撇了撇嘴：“问题是我不吃芹菜的，我觉得芹菜有股怪味道。”

“你这真的跟学生有的一拼！”萝卜老师笑道。

“和学生拼什么？”洋葱老师来了。

番茄先生跟在她后面：“拼多多，拼多多。”

“你这个偷马偷，还拼多多嘞，我是说小葱和学生的作文有的一拼。有的学生写某某关心我，比如妈妈关心我，奶奶关心我，老师关心我，但是，他们写着写着，总会把该重点写的妈妈、奶奶、老师丢到一边——”

“小葱又做了什么好玩的事？老实交代！从实招来！坦白从宽，抗拒从严！”番茄兴致盎然起来。

“天哪，哪里淘来那么多重火药味的词儿？小葱，哈哈，你就向他交代一下，你做了件什么好玩的事。”

小葱嘻嘻一笑：“本小葱想，长这么大了，总不能经常饭来张口衣来伸手吧？昨天，撸起袖子，帮母亲大人理芹菜，结果，我把芹菜的茎扔了，把叶子留下来了。”

“哈哈哈，哈哈哈哈……”洋葱和番茄一起笑了起来，番茄的脸也笑红了，更像一只西红柿了。

“报告！”门外脆脆的一声响，萝卜丝捧着一沓本子，走进门来，“萝卜老师，作文草稿收齐了。”

胡萝卜跟在萝卜丝后面，拿过老师手里的拖把：“萝卜老师，我去洗拖把。”萝卜丝不干了：“我去洗！”两人都握着拖把的柄，争执起来。

萝卜老师一笑：“那你们一起去洗吧。”听老师这么一说，两人抬着拖把出去了。

萝卜老师的视线落到那一沓作文本上：“不知这次作文会不会出现丢掉芹菜茎的问题。”

洋葱问：“怎么说？”

“都是这个偷马偷，把我刚才的话打断了。我刚才说，小葱丢芹菜茎的行为和学生的作文有的一拼。学生的作文经常会出现丢了主要人物、留了次要人物的问题。比如，写妈妈关心我，主要人物肯定是妈妈，对吗？作文要重点写好妈妈是怎样关心我的，通过对妈妈的语言描写、动作描写、神态描写突出妈妈是怎样爱我的，对吗？可是，总有那么几个同学舍不得丢下自己，比如写自己生病，写自己的各种难受。体现在句子上，就是我，我，我，而不是妈妈怎样，妈妈怎样……”

“对，是这样的，”洋葱马上跟进，“像梅干菜烧肉，只见梅干菜不见肉一样。”

“哇！洋老师，这比得太形象啦！你真是得萝老师之精髓。”番茄一激动，直接把洋葱老师叫成了洋老师。

小葱马上跟了一句：“那当然喽，近朱者赤近墨者黑，近萝卜者像洋葱。洋老师，对不？”

萝卜老师拿起本子批起来，批了一会儿，一声大叫：“喏，来了！”

“什么来了？”洋葱、番茄、小葱齐声问。

“刚刚讲的作文的问题啊。你们看。”萝卜老师把本子摊开，给他们看。三个脑袋挤在作文本的上方，看了起来。

感　谢

我想感谢金钱草，因为有一次他帮了我。

那一天上体育课，李老师叫我们跑步，围着操场跑三圈。跑第一圈还好，跑第二圈我已经很累了，气喘吁吁的，跑第三圈的时候，我也不知道被谁绊了一下，摔倒了。我觉得膝盖很痛，一看，膝盖的皮破了，还有血出来，同学们没有注意我，都在跑着，只有金钱草停了下来，他扶着我起来，我们一瘸一拐地走向办公室。到了办公室，青菜老师问我怎么了，我一五一十告诉了她。

老师给我涂了红药水，我觉得很痛，但我忍着，没有叫出来。老师让我到教室里休息，金钱草又扶我到教室里，然后他就下去了。

我很感谢他，他在我摔跤的时候帮了我。今后他摔跤我也要帮他。

“嗬，果然是写自己的内容比较多，写金钱草的内容太少，主次颠倒了。”西红柿笑道。

洋葱接嘴：“是的，可能学生对自己摔跤的事感受比较深，写着写着，忘记要表现别人，把自己当作主角了。”

“确实是这样的，我小时候也这个样子的，总想把自己当根葱。”小葱深有感触。

萝卜老师道：“是的，我们要让同学们明白，你不管是根葱还是头蒜，你和帮助你的人就是芹菜的叶和茎的关系。写这类作文的时候，不能突出‘你自己’这芹菜叶，而是要把你要‘感谢的人’这根芹菜茎作为重点来写。也就是说，写自己的内容要少一点，写你要感谢的人的内容要多一点。”

“今天我们可以布置这样一个作业，”西红柿建议，“在这篇作文中把芹菜的茎找回来。”

“怎么找？你总要给同学们一点线索吧。”小葱问道。

“金钱草看到同学摔在地上，脸上的神态是怎样的？他总有问同学话吧？他是怎么问的，又是怎么做的？最常规的动作就是把同学拉起来，然后搀扶同学到办公室，跟老师说明情况，说明情况又要用到语言描写。我觉得可以在这些地方进行修改。”萝卜老师边说边拿起红笔，在上面圈圈画画起来。

感　谢

我想感谢金钱草，因为有一次他帮了我。

那一天上体育课，李老师叫我们跑步，围着操场跑三圈。跑第一圈还好，跑第二圈我已经很累了，气喘吁吁的，（这里要简写，稍微交代一下就可以了）跑第三圈的时候，我也不知道被谁绊了一下，摔倒了。我觉得膝盖很痛，一看，膝盖的皮破了，还有血出来，同学们没有注意我，都在跑着，只有金钱草停了下来（神态描写，语言描写），他扶着我起来，我们一瘸一拐地走向办公室。（具体写写路上的关心，比如说了些什么）到了办公室，青菜老师问我怎么啦？我一五一十告诉了她。

老师给我涂了红药水，我觉得很痛，但我忍着，没有叫出来。老师让我到教室里休息，金钱草又扶我到教室里，然后他就下去了。（他下去了可以不写，可以写写他对“我”说的话）

我很感谢他，他在我摔跤的时候帮了我。今后他摔跤我也要帮他。（最后一句不妥，有点希望别人发生不幸的意思，想想可以怎么改）

萝卜老师敲黑板

我们写作文的时候，要分清楚主要人物和次要人物。比如，写妈妈关心你，那妈妈就是你要着重表现的主要人物，要多写写她的语言动作神态，写她是怎样关心你的，千万不要把重点移到自己身上来，写你自己怎么样怎么样。不要喧宾夺主，丢了芹菜茎，留下芹菜叶。好了，让我们实践一下，把《感谢》这篇作文中的芹菜茎找回来。

放点调味品，作文好味道

中午吃饭，有虾仁滑蛋，炒三鲜，有大白菜，打开餐盒的那一瞬间，小葱老师“哇”地叫了一声：“都是我爱吃的菜哦！今天饭要多吃一点了。”她果然打了满满的一碗饭来，吃一个虾仁，赞一句：“嗯，好吃！”夹一筷大白菜，刚放到嘴里，又大叫起来：“怎么那么淡啊，没放盐啊？”

萝卜老师听了，赶紧夹起大白菜尝了尝，果然淡而寡味，便道：“今天师傅怎么了？忘了放盐了？”

结果，这大白菜就躺在盘中，再也没人动它了。看着这些没人想吃的白菜，萝卜老师忽然心念一动：“你们猜猜，今天这大白菜，使我想到了什么？”

“想到了什么？”西红柿神秘一笑，“我猜猜，萝卜老师嘛，两句不离本行，你不会又想到了学生的作文吧？”

“猜对了，还是番茄了解萝卜。”

“对吧，我说嘛，”西红柿有点得意起来，“萝卜老师肚里的蛔虫都没有我西红柿厉害。”

小葱一脸坏笑：“萝卜老师昨晚肯定吃了西红柿。”

萝卜老师大笑："真的哎，我昨晚吃的就是番茄炒蛋。"

西红柿一看，哎呀呀，这是被围攻的架势啊，赶紧道："萝卜老师，猜对有什么奖？"

"要么，赏你一盘大白菜吧？"萝卜老师作势把餐盘递给他。

西红柿双手往外推："不要不要，你是不想自己倒掉，叫我去倒啊？"

"你们看，淡而寡味的菜不受欢迎啊，送都送不掉。这就像那些平铺直叙的作文，也是这样淡而寡味，没有味道。唉，有些学生就只会写这类作文。"

"岂止是部分学生，我觉得大部分就是这样子的，"洋葱老师又要叹她的苦经了，"说多了都是泪啊！苦口婆心地教，要写生动写形象，但写来写去就是不生动不形象，看这些作文就像对着一盘没有味道的大白菜，唉！"

"我本有心尝美味，美味就是不肯来。"西红柿文绉绉地来了一句。

洋葱老师索性连饭也不吃了，噼里啪啦一阵找："就像这一篇。"

第一次做蛋炒饭

人生有许多的第一次，第一次骑车，第一次游泳，第一次做蛋炒饭。今天我要写的是我第一次做蛋炒饭。

星期天，我起床发现家里没有人，爸爸妈妈都出去了。我心里一阵高兴，想，我今天可以做蛋炒饭了！

我回忆妈妈做蛋炒饭的方法，我先倒了点油进去，再把剩饭倒进锅里炒了一下，接着我打好蛋放进饭里，然后我就开始翻炒，可是，我大概翻炒得比较慢，饭有点焦了，我赶紧盛了出来。

我尝了一口，怎么那么淡？一想，我原来忘记放盐了，我就放了一点盐在蛋炒饭上，一吃，又很咸。

这就是我第一次做蛋炒饭的经历。

西红柿看了后大笑："哈哈哈，我发现在学生的作文里，蛋炒饭出镜率很高。"

"那当然，这个道具不用岂不是太可惜。"

萝卜老师说："我们是否这样看，这些学生写这样的作文，说明他们至少能做成一盘菜了，但是，做出来的菜并不好吃。其实，要把菜做得好吃一点，办法是蛮多的。"

"什么办法？"

"放调料啊！酱油啊、醋啊、糖啊、辣油啊、香油啊、剁椒啊、五香粉啊……"萝卜老师扳着手指。

小葱抢过话题："八角啊、茴香啊、桂皮啊、豆瓣酱啊——"

"哟，连芹菜吃哪个部分都不知道，居然能讲出那么多的调料来？"西红柿调笑道。

"没吃过猪肉还没见过猪跑？"小葱朝他翻了翻白眼。

“好好好，不许扯远了哦，我们回到作文上来。”萝卜老师一看又要跑题，赶紧往回拉，“刚才大白菜不好吃，其实只要放点盐就可以了。作文也是如此，横平竖直的作文，加点调料就可以变得可读起来……”

“加什么？”小葱又迫不及待了。

“菜太淡，加油盐酱醋；作文太淡，也加油盐酱醋。作文当中的油盐酱醋就是我们常说的修辞手法。”

“对呀，修辞手法。学生经常被要求改写句子，把陈述句改成比喻句、拟人句、夸张句等，但他们不知道为什么要这样改，只知道考试要考的。”

“是的，学生以为这些改写句子考试要考的，所以他们不会有意识地在作文中加以运用。其实，你只要在作文中运用起来，作文就会很有味道。同样是写蛋炒饭，你们看看这个片段。”萝卜老师找了一个片段出来：

> 我打开了火，左手拿油，右手拿蛋，等到锅子热了，我深深地吸了一口气，倒了油，还没等油烧热，我就把蛋磕了进去，锅中发出了“噼啪噼啪”的声响，吓了我一跳，感觉每滴油都要跳出来造反。

“哎——我好喜欢最后一句，‘每滴油都要跳出来造反’。写得太好太好了！”小葱叫道。

萝卜老师问：“为什么说这句好？”

“因为他用了拟人的手法啊。”

“是的，用了拟人就显得很生动很形象。生动形象在哪里呢？这样一拟人，写出了油在锅里四处乱跳的情形。”

“还有，那个象声词‘噼啪噼啪’用得也很好，好像我们读的人也听到了这个声音，有一种身临其境的感觉。”

“还有还有，”西红柿急道，“萝卜老师上次讲到的发黑木耳法这里也用到了呀，那么多的动作描写：打开了火，左手拿油，右手拿蛋，吸了一口气，磕蛋，这木耳发得很大啊。”

“这一段你们看看如何？”萝卜老师又给他们看了这么一段：

大年初二，我们一家刚到长沙，第一个小吃就是臭豆腐。

当臭豆腐端上来时，我的口水已经飞流直下三千尺了。我迫不及待地拿起一块臭豆腐，一咬，汤汁四溅，让我唇齿留香，飘飘欲仙。这真是闻着臭，吃着香啊！这时，我嘴里的每个细胞仿佛都在跳舞，全身充满了活力。

摊主把它放在油锅里来回翻动，它时不时地发出“滋滋滋滋”的声音，好像在一边跳舞一边唱歌。炸得松脆后出锅，还会淋上鲜美的汤汁以及一些小米椒和榨菜。这时的臭豆腐简直是一件完美的工艺品，看着也是一种享受啊！

啊，要是天天都能吃上臭豆腐，那可多好啊！

小葱点赞很积极：“写得好！用萝卜老师的话来说，写得乱好！”

“好在哪里？”

“萝卜老师，你不要像复读机那样，就问‘好在哪里’。”小葱急了。

洋葱笑道：“哎，小葱，你这句‘像复读机’用得好。”

“好在哪里？”小葱机智地反问。

“我来说，好在哪里，”萝卜老师慢悠悠道，“这比喻很形象。这复读机呢，会一次次重复，我刚才连问小葱两次‘好在哪里’，有点复读的味道。现在轮到小葱回答，这篇臭豆腐好在哪里。”

“哎呀，我算哪根葱啊，还是让番茄先生说吧。”

“好，我说就我说！你以为我不会说啊！”西红柿老师“嗯哼”了一下，“第一个好，好在那句夸张句，飞流直下三千尺，虽然这句已被段子用烂了，但放在这里还是很恰当，写出了小作者看到臭豆腐、闻到臭豆腐香味时垂涎三尺的情景。第二个好，词语用得很贴切，像‘汤汁四溅，让我唇齿留香’，特别是那个唇齿留香，用得特别好，写出了臭豆腐的那个香。第三个好，‘我嘴里的每个细胞仿佛都在跳舞’，细胞在跳舞，拟人的写法。我们开心才会跳舞吧？这句生动地写出了味蕾的极大享受。第四、五处写得好的是，臭豆腐仿佛在边唱歌边跳舞、臭豆腐简直是一件完美的艺术品。我说完了，萝卜老师，我讲得还可以吧？”

“不是可以，简直是非常可以啊！”萝卜老师惊讶了一下，“原来西红柿的肚子里不只是番茄汁啊。”

“那当然，还有好多的籽啊！”

大家一听，都笑了起来。

萝卜老师忽然像记起了什么：“我记得我写的《留在和尚港的童年》中，有几篇也用了大量的修辞。”

“真的？给我们看看，快给我们看看。”三个人都猴急起来。

萝卜老师很快就找了出来。

年三十　年夜饭

在我们的急切期盼中，大年三十，终于踩着不变的脚步，来啦！

漫长的梦，终于成真。那一天，我们这些小孩，惊喜地看着我们期待已久的梦在我们面前一点一点地铺陈开来：

上午，大人们就开始忙碌起来，杀鸡的杀鸡，杀鸭的杀鸭。鸡鸭是自家养的，大年三十吃哪一只是早就酝酿好的，早晨起来，打开鸡窝鸭棚，就瞅准一抓，然后拿刀在脖子上只一抹，放在热水里煺毛，然后就拎着煺了毛的鸡鸭到河里清洗。这一天，小河忙极了，这个人还没洗好鸡呢，那个人拎着鸭就过来了，人们在家和小河间不停地穿梭着，脸上写满了笑意。

午饭后，“笃笃笃笃”的切菜声开始响起来了，间杂着“嘭嘭嘭嘭”的剁肉的声音。这些声音此起彼伏，在今天的我们听来，自是毫无章法的嘈杂之音，但落在那时的我们的耳里，不啻是令人垂涎欲滴的满汉全席序曲。

不一会儿，空中便飘着各种菜的香味：鸡的鲜香、鸭的醇香、鱼的腥香、肉的酥香……这些香味在空中升腾缠绕，酿成一种十全大味，诱惑着我们的味蕾。

……

舔蜜蜂

春天到了，油菜花开了，一大片一大片的，田里像铺上了一层黄金，清风徐来，就漾起一波又一波的金色，煞是好看。蚕豆也开花了，豆花像一只只眼睛，风一吹，这些眼睛就眨呀眨的。紫云英也全开了，紫的，白的，铺陈着，热闹着。紫云英在下面做铺垫，铺成一块妖艳的紫毯子，油菜花则在上面轻舞摇曳，蚕豆花在中间负责眨眼睛，风一吹，眼睛朝上，欣赏油菜花的轻歌曼舞；又一吹，眼睛往下，感受紫云英的灿烂笑靥。此时的田野就像一个调色盘，盛满了缤纷的色彩，美轮美奂。空气里混合着各种花香，引来了成群成群的蜜蜂。它们或者飞着，唱着只有一个音节的蜂之曲：嗡嗡——嗡嗡——嗡嗡翁——

或者振着翅膀停在花上，头钻在花蕊里，胖嘟嘟的屁股朝着天，一会儿轻轻颤动几下，再一会儿又微微颤动几下。这么可爱的模样，分明是招惹我们……

“哇，萝卜老师，你这比喻拟人用得是炉火纯青了！读这样的文字简直是享受！”小葱夸张地叫起来。

“你这马屁，拍得我乱舒服。”萝卜老师笑起来。

“哟，什么事那么开心啊？”大家朝门口一看，原来菱角校长来了。

“哈哈，菱校长，你怎么亲自来了？”平时校长神龙见首不见尾，匆匆忙忙这里开会，那里论坛，有事就电话联系他们，今天怎么啦？萝卜老师半开玩笑半正式道。

菱校长皱了皱眉头：“什么话？不亲自怎么来？”

“这个可是有出典的。有学生这样造句：我亲自吃饭；我亲自做试卷；爸爸亲自睡觉。”

“哈哈哈。”菱角校长被逗笑了，“对！我亲自来了。我要亲自告诉你们，明天有作家来我校做一个讲座，安排你们四年级去听，下午第一节课。”

“谁呀？”

“柳叶。”

小葱道：“名字很有趣。番茄，想象一下，是一个怎样的人？”

“女的呗。”

“废话！男的总不至于叫柳叶吧？再不济也应该叫柳树！”

萝卜老师敲黑板

菜要做得好吃得放各种调料，作文要写得好，得善用各种修辞手法。我们平时改写句子的练习不是因为考试要考的，而是为作文写生动写形象做准备的。如果你在作文中善用比喻拟人夸张等修辞手法，那你的作文肯定会活色生香起来。

请做一次蛋炒饭，把蛋炒饭的制作经过写下来，注意要用上恰当的修辞手法、恰当的象声词，还要注意动作描写、心理活动描写，把做蛋炒饭的经过写具体、写生动。

张开想象的翅膀

第二天下午第一节课前，四年级的同学就按序坐在报告厅里，等着神秘的作家柳叶。上课铃一响，菱角校长就领着一位微胖的女士出现在报告厅的门口。校长走到讲台前，说："同学们，今天我们有幸请到了作家柳叶老师给我们做一次讲座，大家欢迎。"

"噼噼啪啪"！报告厅里回荡着同学们的掌声。

"同学们好！我是柳叶。今天，很高兴到这里，跟各位小朋友聊聊童话。你们感兴趣吗？"

"感兴趣！"那声音，简直要破房而出。

"童话需要我们想象，展开想象的翅膀。"柳叶转身在黑板上画了一条曲线，"请展开你们的想象，说说这是什么？"

马上有同学喊："山脉！"

"很好！"柳叶老师表扬。

"蚯蚓！"

"蛇！"

"小溪！"

“波浪!”

“公园里的小路。”

“那个炒股票的线。”

“哈哈哈……”同学们笑起来。

柳叶非常满意同学们的想象：“哇！小朋友的想象真丰富耶！这说明什么呢？说明你们有创作童话的潜质！接下来，我们一起创作一个童话，好不好?”

“好!”声音震耳欲聋。

柳叶在PPT上向大家展示了一幅画，画面上有一群小鸡，其中一只小鸡在最前面，他的前面有一座独木桥。“好！同学们，我们的童话之旅开始了！谁来给这个童话开个头?”

萝卜丝张口就来：“一只叫毛头的小鸡，想走过一座独木桥，看看桥那边的世界。可是，他刚抬腿，其他的小鸡喊：‘不能过去！不能过去！桥那边危险!’”

“这个头开得好!”柳叶老师鼓励，“谁接下去?”

“‘鸡阿大说，我告诉妈妈去!’转身去找鸡妈妈了。鸡阿二上去扯住毛头的腿：‘回来回来!’”

“鸡老三说：‘那边有黄鼠狼的，很危险的。’”

“可是，毛头还是往前走，他跨上了独木桥……”

“我来接！我来接!”同学们纷纷举手，争着要把毛头引向自己期待的结果。

他们一个接一个地编着，故事越编越长，越编越新奇，后来竟然让毛头走进了迪士尼乐园，和米奇成了好朋友。

编完了童话，柳叶老师说："刚才，同学们展开了想象的翅膀，编出的童话令我感到惊讶，你们的想象够大胆，够新奇，非常好！不过呢，刚才我们是口头合编了一个童话，口头童话有个缺点，不能保存啊，对不对？那怎么办呢？最好的办法就是把它写下来。你们愿意写下来吗？"

"愿意！"又是一阵震耳欲聋的声音。

"不过呢，刚才的童话是大家合编的，可能不符合你的想象。所以，你可以把刚才合编的童话写下来，也可以根据你的想象重新创作一个童话。"

回到教室，萝卜老师问大家："今天的课好玩吗？"

"好玩！"

"有什么收获？"

"我觉得编童话很有趣。"

"我知道编童话要有丰富的想象力，要大开脑洞。"

"萝卜老师，"山药蛋站了起来，"你常说作文就如做菜，我不知道这童话和做菜有什么关系。"

好，这个山药蛋会联系，会思考，太棒了！萝卜老师在心中夸赞。思索了一会儿，萝卜老师道："这写成的童话也是一盘菜。一个好的童话，色香味俱全，再加上装菜的盘子也很漂亮，非常能吸引人。"

"我们平时写作文的素材都来自生活，那童话的素材来自哪里？"水萝卜也有问题了。

"这个问题太棒了，水班长！"萝卜老师向他竖起了大拇指，“你们一起动动脑，童话这盘好吃的菜，食材来自哪里？”

短时间的沉默后，一只手举了起来，萝卜老师一看，是蒲公英，便点了她的名：“蒲公英，你来说说。”

“脑袋。”她指了指自己的脑袋。

“对对对，这素材来自大脑的想象！”蘑菇激动地接下去。

“是的，说得好！想象是童话的生命。不过，想象也要有现实基础。你们想哦，刚才我们编的童话中的小鸡啊，小桥啊，迪士尼啊，现实中都有吧？小鸡想看看鸡窝外面的世界，也是符合现实的吧？”

“嗯。”他们一个劲儿地点头，但问题接踵而至，“那童话和我们平时写的有什么不一样？”

“童话中的角色有超自然的能力，小鸡可以说话，木偶可以走路，小王子可以访问别的星球。”

“萝卜老师，”山药蛋一本正经地喊了一声老师，“我们生活中的事情很多，写都来不及写，为什么还要写童话啊？”

萝卜老师一愣，这个问题倒没有很好地琢磨过，思考了一会儿，道：“我想请你们来讨论讨论，我们为什么要写童话。”

“当然要写童话啊，不然，小小朋友们不是没有童话可读了吗？”蒲公英抢着发言。

紧跟着，萝卜丝发表观点：“因为童话很美好，所以要有童话。”

“我觉得吧，”胡萝卜慢条斯理地说，“写童话可以让我们展开想象的翅膀。”

萝卜老师点点头："是的，童话向我们展示美好，写童话可以培养我们的想象力和创造力。"

萝卜老师敲黑板

好的童话是一盘色香味俱全的菜，很具诱惑性。它的素材来自想象，想象是童话的生命，像《爱丽丝漫游仙境》中的爱丽丝喝了那瓶"喝我"后变小了，像《夏洛的网》中的夏洛织有字的网，都是很有创意的想象。不过也要注意，想象也要一定的现实基础。

根据柳叶作家出示的小鸡图片，展开想象，编一个好玩的童话。希望你的脑洞开大一点哦。

再好看的蜡制食品都不会引起食欲

下课了，小葱老师抱着一沓本子，刚进“半亩塘”，就有气无力地叫：“哎呀，累死了，累死了，今天上了四节课。”

萝卜老师一脸同情：“怎会有那么多课？”

“本来嘛，上午两节，下午一节，但是，体育陈老师出去做裁判了，教导处安排我代一节课。哦哟，现在，嗓子干得冒烟，脚都拖不动了。”小葱一屁股坐在椅子上，趴在桌上，瘫倒了。

番茄老师一看，拿起水杯，作势往小葱身上倒：“哟，那么水灵灵的小葱终于干瘪掉了，要不我从半亩塘里舀点水上来给你浇浇？”

“什么叫‘终于’？”小葱猛地抬起头来，“你原来一直盼望我干瘪啊？本小葱可是得天地之精华，聚日月之灵气，瞬间就能满血复活。”

“报告！”萝卜丝出现在门口，小葱番茄们立刻收住了话头，正襟危坐。

“进来！”萝卜老师问，“你有什么事吗？”

“金钱草写你的坏话。”萝卜丝把手中的本子递给老师，“课堂作业本上的小练笔写一写你熟悉的人，他把你写成了老太婆。”

“哦？”萝卜老师接过本子，忍住笑，看了起来。金钱草这样写萝卜老师：“我们的语文老师是萝卜老师，她满脸皱纹，满头白发，眼睛小小的，tuó着背……”

看到这里，萝卜老师忍不住大笑起来：“哈哈哈哈，哈哈哈哈，我满脸皱纹了吗？哈哈哈哈，我满头白发了吗？哈哈哈，这金钱草，什么眼神，哈哈……”

“我看我看！”小葱跑过来，拿过本子一看，“哈哈哈，笑死我也……”

“你去把金钱草叫来，我让他好好观察一下我。”

洋葱西红柿赶快过来围观，看后爆发出一阵大笑：“哈哈哈哈，萝卜老师，你可以退休去养老了。”

萝卜老师站起来，弓着腰，捂着胸口，一边假装“咳咳咳”地咳着，一边蹒跚着走着，笑问：“我是不是应该这个样子？”

“还不像，你的头发还要染染白，脸上刻几道皱纹，哈哈哈……”洋葱边说边在脸上比画着。

“哎，奇怪，我天天和他们接触，他怎么会视而不见的呢？”饶是见多识广的萝卜老师，也搞不清状况了。

“有什么奇怪的，”洋葱老师道，“我们班的学生一写到秋天就让大雁在空中飞，还根据自己的喜好给它们排队形。这几年我们这儿哪里还看得到大雁？”

“这倒是，我已经好久好久没看到大雁了，小时候经常看到的……”萝卜老师表示赞同。

说话间，“报告”声响起，萝卜丝带着金钱草来了，这萝卜丝，怕金钱草不认识路啊？还带他过来，她大概想看老师怎么批评“说坏话”的金钱草吧？朝门口一看，几个朝里张望的脑袋一下子缩了回去，呵呵，还有跟随着来看热闹的呢。萝卜老师对萝卜丝说：“你回教室去吧，叫外面的几个也回去。”

金钱草到了办公室，扭着双手，眼睛不知往哪里看才好。萝卜老师和颜悦色地对金钱草说：“来来来，金钱草，放松，不要紧张，来认真看看我，你先看看我的头发。告诉我，你看到的是什么颜色？”

金钱草的视线终于落到萝卜老师的头发上来了：“黑的。”

“全是黑的吗？”萝卜老师追问。

“有些是白的。”

“这算不算满头白发？”

“不算。”

“那你再看看我的脸，告诉我，你看到了多少皱纹？”

他红了脸，摇摇头：“没有。”

“再看看我的眼睛，告诉我，我的眼睛小不小？”

他又摇摇头。

“那你为什么写我是满头白发、满脸皱纹、小小的眼睛，而且背也驼了？”

“因为老人都是这样的。”他的声音轻轻的，像蚊子在哼哼。

萝卜老师又笑了：“呵呵，你先把我当作一个老人，然后按照别人写老人的样子写，对吗？”

他不说话，又点点头。

“金钱草，不能这样写人的，你这样写就不真实了，这个就不是真实的我了。假如我到你们老家去，你让你的亲戚到车站接我，你告诉他们我们的老师满头白发、满脸皱纹、驼着背，你说，你的亲戚能接到我吗？”

他不好意思地摇了摇头，萝卜老师把本子给他：“这个小练笔你要重写。你如果还是写我，那要写你观察到的真实的我。来，好好地观察观察我。”萝卜老师站了起来，让金钱草好好观察一番。

待金钱草走后，刚才憋住的笑声又忍不住爆发出来：“啊哈，啊哈哈哈……萝卜老师，你变成一个老得掉牙的老萝卜了。”

“在这些孩子的笔下，天下的人就长三种模样：老人一律白发皱纹驼背；小孩子一律圆圆的脸，大大的眼睛；女性一律是瓜子脸、柳叶眉、樱桃嘴；男性一律是浓眉大眼、国字脸。”萝卜老师概括。

洋葱马上点赞：“哎呀，你概括得太神了！不过，你讲了四种样子了，语文老师连数数都不会了。”

“哈哈，是的，我本想讲中青年的模样，结果一讲就分成了男性和女性，唉，语言跟不上思维呢。”萝卜老师道，“每个人的外貌都有自己的特点。像你洋葱吧，脸圆圆的，有点婴儿肥，真像一个洋葱。其实，就算是地里的青菜吧，每一棵都长得不一样，有的高，有的矮，有的大，有的小，有的菜梗部分很长，有的菜叶部分很大，有的可能上面有虫洞……”

“哎，你们说，为什么学生写些不真实的东西？像上次讲的那篇《捉鱼》，鱼吃不完，放回到湖里去，可能吗？”洋葱感慨。

“小孩子编些不符事实、不符常规的情节出来，以为能蒙混过去。其实，他们不知道，这些情节老师一眼就能看出来。就像这个蜡制品，”西红柿老师从抽屉里拿出一个蜡制迷你小番茄来，“放在一堆真的西红柿里，我一下子就能把它找出来，假的就是假的。但是，尽管我反复强调，作文要真实，真实！但还是有学生要胡编乱造。”

番茄笑道：“萝卜老师，你那么强调真实，居然还有同学顶风作案？”

萝卜老师笑道：“前年吧，我还在带六年级。有个六年级的男生，想让妈妈买一辆自行车，他这样写：‘太阳当空照，花儿对我笑……’我哼着小曲，走在大路上，看到许多同学都在骑自行车，一边骑一边和我打招呼。我有些眼馋了，便兴冲冲地找到爸妈，在他们耳边轮番轰炸，终于在我的唠叨下给我买了自行车。”

萝卜老师继续道：“当时我问他三个问题：一、真的是边走路边哼着‘太阳当空照’的歌吗？一个六年级的男生哼这歌？二、机动车道才称得上大路，难道你走在机动车道上？三、你爸妈一起出去了？你知道他们去了哪儿？你找得到他们吗？他回答我，既没有唱歌，也没有走在大路上，更没有去找爸妈，而是直接回到了家里，他妈妈就在家里。我很惊讶地问他，那为什么要这样胡乱编造呢？他居然说，作文不是三分真，七分造吗？”

听到这里，大家都笑起来。番茄道：“他是在写演义啊？演义还七分真实三分虚构呢。”

萝卜老师道：“同学们可能不明白，假的东西就是假的。我曾经在横店影视城看到过满汉全席的蜡制品，制作得惟妙惟肖，十分逼真。但看客们知道，这是蜡制品，绝对不会在它们面前垂涎欲滴。假的作文，引发不了读者的共鸣，因为那是假的。”

“真的东西，尽管不是很完美，但是它能打动人。比如，尽管是一盘做得不是很成功的菜，但它至少能吃，对吧？假的呢？无论多么精致，就是假的，是不能吃的，是引不起我们的食欲的。我们要让学生明白这一点。”

“啊，天哪，我们班的一个学生也写老师，你们看他把老师写得怎样高大上哦。我读一句给你们听：‘我们的杨老师，是一个工作很认真的老师，她办公室的灯彻夜亮着，在认真地备课，给我们批作业，她真是太伟大了。’”洋葱老师带着夸张的语气读道。原来她已经抓紧时间在批课堂作业本了。

西红柿看着洋葱老师："洋葱老师，你昨晚又没回家啊？"

洋葱老师一脸奇怪："我为什么没回家？"

"你学生写你在办公室里办了一夜的公……"

学生的作业本交来了，萝卜老师也抓紧时间批，批到狗尾巴草这本，心下大乐："你们看，这也是写老师的，真实有趣。我喜欢。"

教我书法的是马老师，我们称她为"哎哟喂"老师。

"哎哟喂，你这个字怎么写成这样啊？这个'学'的上半部分写这么松干吗？这个'子'的横写这么短干吗？加加长。"马老师指着"学"字，很不满意。

我想，我已经很努力了，好哇？这个字是我写得最好看的一个了。

"哎哟喂，你看看！你看看！你看看这个字，这个'古'，人家这上面怎么写的，你怎么写的，这个横写长一点呀！这个竖也写长一点呀！哎哟喂，人家这个'口'明明是倒梯形的，你怎么写成长方形的了啊！哎哟喂，你长没长眼睛啊！哎哟喂。"马老师简直有点恨铁不成钢了，"这个横，给我斜上去！我告诉你啊，不管它是短横，还是长横，都要斜上去！知道了吗？"

"哈哈，这马老师的耳朵这几天大概一直烫着吧？"

"哇！这篇！太写实了！"洋葱老师惊叫起来。

吴老师很凶，我们都很怕她。

晚托班，吴老师闯进教室，把一堆本子放在讲台上。

“谁讲话就给我出去！”她扫视了一下班级，然后开始批本子。

“刘明！你本子呢？”

“没带？下次你有本事人也别带来了！”

“许文轩，你什么作业态度啊？明天要是我发现你还是这个样子，你就别来上学了。”

“李阅新，头给我转过来！”

“王李仁，你会不会订正，啊？”

每天，吴老师批作业的时候，我都要做好心理准备。我想，就算是《复联》里能言善辩的邪神洛基被吴老师训一通，恐怕也要变成结巴吧？

“吴老师真的这么凶的啊？”小葱一脸的不可思议。

洋葱老师说：“当然了，我班的学生很怕她的。”

“哈哈哈，你们看，这个山药蛋怎么那么好玩啊！”萝卜老师叫起来。

别看我的同桌山药蛋长得小，鬼点子可多啦！这天，他拿着一张纸，对我说：“樱桃，这个给你。”

“这是什么？”我有点惊讶。

“我跟你说，以后你问我问题要密码。密码不对我不会回答你。”

“为什么?”看着那写着密密麻麻密码的纸，我很惊讶。

“因为你太烦人啦！设个密码，给你增加点难度，这样你可以少烦我一点。”

我眼睛近视，看不清黑板上的回家作业，就叫：“山药蛋，借一下家校！”

“密码!”

我赶快看了一下密码表：“21739861797651，可以了吧?”

“给!”

“山药蛋，借下橡皮，我忘带了。”

“密码!”

“67928。”

这天，我问他一个问题，他说：“密码!”我赶紧把头伸进课桌肚里看了看，哦，4901。

“什么问题?”

“这道数学题是不是这样做?”

“对啊，傻的。”

有一次，我问他问题，他居然没问密码直接回答了我。我觉得很奇怪：“你还没有跟我要密码，怎么就回答我了呢?”

他马上说：“那刚才的不算，重新来过。”

于是，我重新问了他问题，他向我要了密码，然后又回答我一遍。

“真的假的?”洋葱老师奇道。

“目测是真的，你让樱桃编造，她还编不出来呢。这样，我待会儿问问他们。”

晚托班前，萝卜老师到了教室，走到樱桃的座位边，弯腰细看她的课桌肚，果然，看到她那里贴着一张写满数字的纸……

萝卜老师敲黑板

重要的事说三遍：写作文要真实，真实，真实！即使是想象的，也要合理，合理就是说生活中有可能发生的，像老师办公室里的灯又亮了一夜，这种明显违背常理的情节不要去胡编乱造。要知道，一盘蜡制的菜无论怎么好看都不会引起人们的食欲的。

找出下面作文片段的不合理处，进行修改：

我喜欢桃花，春天，开的颜色是粉色，有一股淡淡的香味，形状一片一片开放，夏天，颜色是红，像小朋友红红的脸，秋天，变黄了，冬天，落了下来，给大地披上一片衣裳。啊，桃花真美，我真喜欢它。

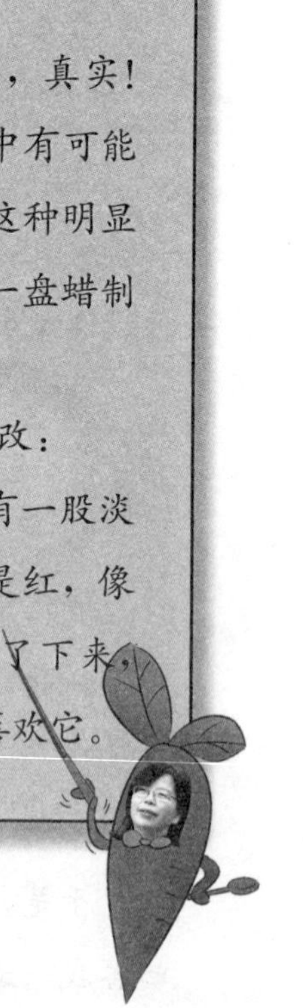

做好菜，多读菜谱多练
写好文，多读书籍多写

午餐时间到！今天吃的是粉丝、包心菜和红烧肉，小葱皱眉道：“天天吃这些菜，胃口都倒了。你们看，这粉丝都粘在一起了。”

萝卜瞥了她一眼：“你又不会做菜，有的吃已经很不错了。”

“也很奇怪的，同样是红烧肉，多看些菜谱做出来的就好吃得多。”洋葱感慨道。

萝卜老师有点惊讶：“哦？你现在都按着菜谱做菜了？我只会把菜烧烧熟。”

“岂止是按着菜谱？告诉你哦，我现在不看菜谱就能做出令你垂涎欲滴的红烧肉来。啧啧，那个卖相，油亮亮，你看了，有种忍不住尝一口的冲动；然后，那个香气，闻一闻，口水都要流出来了；你尝了一口啊，就停不下来了。”

小葱嘟起了嘴：“那么好吃的肉，也不带给我们尝尝。”

“还带给你尝？昨晚老早吃完了，此时，大概已经变成了——”

“不准说下去，我们还要吃饭呢。”萝卜老师制止洋葱说下去，“想不到你会做那么好吃的菜，什么时候请我们去吃一顿。”

“唉，其实，说多了都是泪。我过去是不会做菜的，做出来的菜一直被我老公嘲笑，说我就像做给猪吃的。我也不理他，想，自己不做，还挑三拣四的，有本事你自己做。但是，女儿吃菜比较挑，我也没办法，就开始研究菜谱。你也不要说，这绝对是做好菜的不二法则。我看得多了，脑中就有了一些概念，现在不用菜谱我都能做得比较好吃。”

西红柿夸张地叫道：“哇！不说不知道，一说吓一跳，原来我们这里还潜伏着那么牛的做菜达人！洋葱老师，你隐藏得够深的。”

“洋葱现在脑中记的未必是哪一款具体的菜谱，她可能集杭帮菜啊、徽帮菜啊、本帮菜啊之长，自成一派——洋葱派。对不？”萝卜老师忽然兴奋起来。

“对对！洋葱派！萝卜老师做菜的风格就是萝卜派。”番茄调侃。

“我呀！属于乱做派。”萝卜笑道，“不过呢，作文方面呢可称为萝卜派。哎，说到作文，刚才的洋葱派萝卜派给了我一点启示。你们想，我常说作文就如做菜，现在我又找到了一个佐证。菜谱读得多，就能做出好吃的菜来。同样的道理，书读得多，语感就好，语感好了，作文就能写得有滋有味。”

西红柿一拍大腿：“对！就像那个阿尔法狗，因为储存了无数的棋谱，所以，打败了那个顶级围棋手李世石。”

“道理是有道理，不过，还要看你读哪些菜谱。如果你我写一个菜谱，别的人照着做，我估计做出来的比我做的还要难吃。况且，学着学着总会走点样。”萝卜老师慢悠悠道，“要我说，读嘛，就要读一些经典的菜谱，那些经过无数食客肯定过的、大家公认好吃的菜谱。同理，读书，也一定要读经典，不要去读那些消遣类的、速成又速死的书。读这些书，简直是浪费人生。”

小葱虚心请教：“怎样的书才可以算作是经典?”

“那些经过时间的洗礼，经过岁月的磨砺，仍旧熠熠生辉、为大家所认可所共鸣充满生命力的传世之作。”

“比如说?”

“比如说，像《诗经》，像《史记》，像《红楼梦》，像《三国演义》，像《小王子》，像《夏洛的网》……”

“问题是，现在好多的小孩就喜欢看那些速成的东西，什么漫画啊，什么什么系列啊。那么粗制滥造出来的，看得那么起劲。我担心他们这样下去，脑子里装的都是三流以下的东西。”洋葱有些忧虑。

“是啊，长此以往，以为这样的是好东西，那才糟糕呢。像做菜的照着三流的菜谱做，以为这样做出的菜就是好菜，并以此为目标，那不就误了他们?”

“但有些高大上的他们也看不懂啊，我班有几个家长让孩子看鲁迅的杂文。你说他们看得懂吗?”洋葱道。

萝卜惊道：“天，这不泯灭他们读书的兴趣吗？我觉得读什么书也要拿捏一个分寸，既要读那些精品，避免流俗，又要适合孩子年龄段的，不要拔高阅读的要求，这样会得不偿失。就像洋葱现在的做菜水平，做些‘洋葱派’很拿手，但要她去做国宴级的，估计她就不行了。”

“当然不行的了！我目前的水平就是做些家常菜，像红烧肉啊，油焖虾啊，炒青菜啊，腌萝卜啊，其他的既没有这个设备，也没有那个水平。”

小葱急了：“那学生到底读哪些书合适？推荐个书目嘛！”

“语文课程标准里面有啊！你等等，我找出来，”萝卜老师在书架上找来《义务教育语文课程标准》，“童话，如安徒生童话、格林童话，《稻草人》《宝葫芦的秘密》；寓言，如中国古今寓言、《伊索寓言》；故事，如成语故事、神话故事、中外历史故事、各民族民间故事；诗歌，中外童谣、儿童诗歌、75首指定古诗；长篇文学名著，《西游记》《鲁滨孙漂流记》《格列佛游记》等。很多了吧？”

“这么多啊？怎么读得完？”

“你这根小葱！又不是要你一下子读完。九年义务教育的课外阅读要求是九年内课外阅读总量不少于400万字。所以，读书也要有个计划。”

洋葱大概还沉浸在她的洋葱派中：“我觉得，做好菜，除了要多读菜谱，更要多练。”

番茄道：“是啊，否则就是纸上谈兵了。想当初，赵括熟读兵书，讲起来头头是道，一到临战，就一败涂地了。”

“是的呀！你们要知道，我做那个红烧肉，失败了好几次，第一次做，加了冷水进去，结果，做出的精肉很硬，我女儿说，像在吃木头；第二次，一不小心，烧焦了。后来，有一段时间没做，又忘记步骤了。”

萝卜老师发表意见：“我觉得，我们一册课本，八个单元，八篇作文，大概两个星期一篇作文。从密度来讲，远远不够。洋葱，如果叫你两个星期做一个菜，估计你准备哪些配料都忘记了。我们现在让学生写周记，也算是对课本作文的一个补充。这样的话，两个星期三篇作文，密度勉强可以。我班的萝卜丝现在每天写日记，她告诉我已经写了6万多字了。”

“哦？那么牛啊？她都写些什么呢？”

“视野所及的东西，什么都写。比如她写爸爸要求她作文结尾写大道理，她不同意，认为写大道理好像在写名人名言一样，结果她和爸爸吵了一架。吵好后觉得自己失礼，就给爸爸写了一封信。她写她的同桌为自己语文考得不好开脱，说李白小时候的成绩也不好的。她写灵感来了，就像紫藤萝花开。噢，这篇我电脑里有，写得很棒，给你们看看。”

大家凑在电脑前，一起看起来，一边看一边赞赏。

没灵感是一种痛苦，灵感太多了，来不及下笔，也是一种痛苦。

最近，放寒假，三天两头往外跑，灵感也是天天跑上门来造访我。就这样，灵感成灾了。

灵感啊，像一只蝴蝶，会时不时地划过我的脑际，不给你任何的犹豫时间。它逼迫着你“快拿起笔，快拿起笔！”倘若你此时不方便写下来，你就会像吃了山芋一样噎着难受。

灵感又像紫藤萝花开，在开花的那一刻，它们一串挨着一串，一朵接着一朵，挤着推着，推着挤着，好不喧闹。有时，我还能听见灵感的笑声，感觉到它像流水一样流过我的指尖，在纸上不停地漫延、生长。

当灵感的闸门打开时，一定要有足够的蓄水池哦！

萝卜老师敲黑板

要写好作文，须多读课外书，多读经典。一个人如果长期浸淫在经典中，他的读书品位、鉴赏能力自然会随之提高。而且，在阅读的过程中，作品精妙的布局，贴切的手法，鲜活自然的语言，自然会潜移默化为自己的东西；他的选材的角度，谋篇布局的能力，句式的选用，遣词造句的本领，自然会日益精进。

给自己选几本书，做个阅读计划。尝试着写日记，记录你的学习和生活。你会发现，写日记其实是一件很好玩的事。

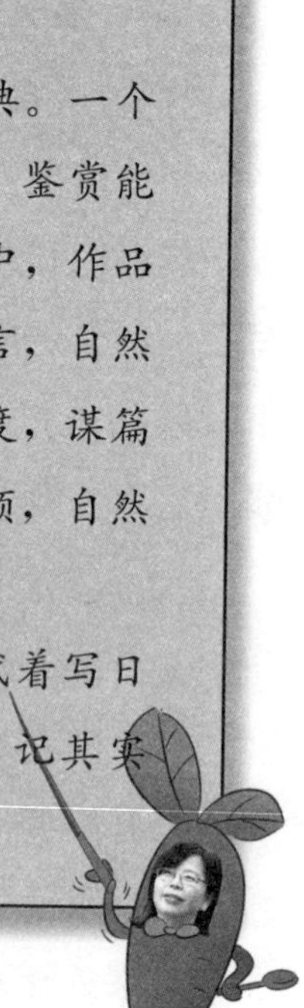

厨艺练刀工，作文练句读功

“这个金钱草，这篇周记写得有点像样了，可是整篇下来怎么没几个标点？”萝卜老师批到金钱草的周记又开始嘀咕了，“我来数数看，一个、两个、三个……天哪，一共只有七个标点符号。如果我照他的标点来停顿，不是要闭过气去？”

西红柿道：“说到标点符号，真的，我自己都不大会点的。特别弄不清楚什么时候点句号。”

“什么时候点句号啊？小葱，你知道吗？”萝卜老师点了小葱的将。

小葱老师背书似的：“一个句子结束了，就点句号。”

“这个我当然知道啦。问题是怎么算是一个句子结束了？”萝卜老师追问。

“我也说不清。反正我自己点标点符号的时候，先是一串逗号，我是觉得差不多了就点个句号。”

“哈哈哈，我跟你差不多！我点句号基本靠猜。”西红柿倒也不怕揭自己的短。

“哎，萝卜老师，我有个主意，你看行不？”洋葱老师说，

“你给我们四个平行班做一个讲座吧，就讲标点符号，好不好？”

小葱连忙跟进：“好啊好啊！我们正好乘机再学学。”

“主人还没答应呢，你就乱喊好啊好啊。哎哟，你们看，我满头白发满脸皱纹，腰也伸不直，讲不动喽！”萝卜老师说起这个，又笑起来。

小葱连忙跑到萝卜老师后面，两手按住她的肩膀，按摩起来，边按摩边问：“这样轻重差不多吗？”

西红柿一见，也赶紧跑过来：“萝卜老师，来来来，我来帮你捶捶背。”

“萝卜老师，我来给你捏捏腿吧。”洋葱说罢，就要过来。

萝卜老师笑道：“有这样绑架的吗？小葱西红柿，快停下来。我们来想想，放在哪节课比较好。”

洋葱赶紧说：“就放在周五的学校课程吧，这节课我们四个班是统一的。”

周五，讲座如期进行。萝卜老师先问大家：“同学们，今天我们讲座的主题是——”

“作文好好玩！”话还没说完呢，下面就有学生接上嘴了。在这些同学的心里，萝卜老师就是“作文好好玩”的代言人。

“哈哈，这位同学真聪明，一猜就猜到了——”

看那位同学很高兴地坐下了，萝卜老师笑盈盈地说：“一猜就猜到了我要讲的主题和作文有关。不过，今天我要讲的是，作文怎么玩句读功。”

同学们立刻窃窃私语起来：

“句读功？什么叫句读功？”

“什么？都没听说过呢？”

“嘘——听老师讲。”

好，同学们的好奇心被激发起来了，萝卜老师看到大家都有点敛声屏气的味道了，才道：“我想同学们可能有疑问，这句读功是什么东西。没事，不知道很正常。在回答这个问题之前，我先问你们一个问题好不好？”

“好！”

“你们在作文中能正确使用标点符号吗？”

“能！”

“不能！”

“好，现在给你们看一段话，你们看看这里的标点用得对不对，怎样？”萝卜老师点击一下鼠标，屏幕上出现了这样一段文字和标点：

雨淅淅沥沥地下着，几把小伞匆匆地消失在街道的尽头伞下，一队学生正匆匆忙忙向老师家的方向走去，老师家的门虚掩着，同学们一个个轻手轻脚地走进屋子放下伞走到老师的床前。

许多小手举起来了，萝卜老师点了其中的一只小手的主人：“你来说说。”

“我觉得不对，怎么都是逗号，只有一个句号。”

“老师，我来！我！我！”萝卜丝站起来，喊一下，跳一跳。

“好好好，萝卜丝来说。”

“这里有几个地方标点没有点。”

“是的，这里有几个标点没点。哪几处没有点标点呢？这样，我请一位同学读一读，你们认真听，听哪里有停顿。胡萝卜，你来读，注意停顿。”

一直在参加主持人培训的胡萝卜抑扬顿挫地朗读起来：

> 雨淅淅沥沥地下着/几把小伞匆匆地消失在街道的尽头/伞下/一队学生正匆匆忙忙向老师家的方向走去/老师家的门虚掩着/同学们一个个轻手轻脚地走进屋子放下伞/走到老师的床前/

“你们觉得胡萝卜的停顿对不对？”

“对的！”这是大部分学生的声音。

“不对！”这是萝卜丝的声音。

萝卜老师请她说说哪里不对。萝卜丝点着屏幕道：“这一句不对，同学们轻手轻脚地走进屋子，这里也要停顿一下。还有，第一句的‘雨’后面也应该停顿一下。”

“这两处应不应该停顿？”

“应该！”同学们又立刻否定了前面的自己。

“那好，我们看看这段话是否应该这样停顿。”萝卜老师加上了两个停顿斜杠进去，“你们读一读。”

顿时，报告厅里回响着同学们的琅琅书声：

雨/淅淅沥沥地下着/几把小伞匆匆地消失在街道的尽头/伞下/一队学生正匆匆忙忙向老师家的方向走去/老师家的门虚掩着/同学们一个个轻手轻脚地走进屋子/放下伞/走到老师的床前/

“读得很好，停顿正确。现在，竖起小耳朵，我要和你们讲一个你们平时忽略的知识点。小耳朵准备好了吗？”

“准备好了！”大家喊。

“我的耳朵正竖着呢！”一个声音冒出来。

“好，今天我讲的第一点，标点点在哪里？点在停顿的地方。重复一遍，停顿的地方，就要点标点符号。记住了吗？”

“记住了，停顿的地方，要点标点。”

“好！我们可要记住了，我们说话，说一句停顿一下，说一句停顿一下，换口气，对不？作文也是一样，句子是一句一句写的，写好一句就要用一个标点符号，让句子呼吸一下。今后作文写好后，自己读一读，看看你停顿的地方是否都点了标点。这个你很容易自己检查出来的，多练练，熟能生巧，这一招很管用。”

“萝卜老师，我写作文草稿的时候，一开始都不点标点符号的，等我写完了，回过去再点的。”有个小朋友说。

“你游泳的时候都不换气，等到你游完了再回过去换气，行哇?”有个同学的反应超级快。

“哈哈，这位同学讲得真好！应该边写边点标点符号，不要回过头点。接下来，我们来探讨一下，这些停顿的地方应该用什么标点。前面有同学有疑问，这个段落怎么都是逗号，只有到最后才是句号？是的，这是个很大很大的问题。我们有相当多的同学，在写作文的时候，一逗到底，就是说前面的部分都是逗号逗号，到最后段落结束了，才舍不得似的，把珍藏的句号拿出来点上。是不是这样?”

“是的!”

“那是不是你们的小脑袋瓜子里装了无数的逗号，写的时候这些逗号都叫着喊着，‘用我！用我!’”

“哈哈哈，不是的，不是的。”

一个男生的手举起来了，萝卜老师示意他说。他说：“句号在我们的脑袋瓜子里也装了好多啊！但是，它们不知道该什么时候跑出来，就索性躲在里面不出来了。”

“哇！你讲得太棒了！应该给你掌声。”萝卜老师鼓起掌来，同学们立即跟上，报告厅一片掌声。

“好，我再问你们一个问题。你们知道什么时候点句号吗?”

“知道！在一个句子结束的时候。”和小葱老师的回答一模一样，像一个老师教出来似的。

“那你怎么判断一个句子结束呢?”

这下，同学们面面相觑了。萝卜老师笑道：“你们听到了吗，句号在哭泣?”

有几个小朋友真的竖起耳朵在倾听，然后一脸迷茫：“没听到唉。”

“我就听到它说，一是小朋友都不大愿意用我，使得我英雄无用武之地；二是有人想用我，又不知道把我用在何处。唉，伤心伤心真伤心！那这样吧，就以这段短文为例，你们试着点一下标点，我们看看到底哪里应该点句号，怎样才算一个句子结束了。课桌肚里有练习纸，上面有这段文字，你们点一下标点。”

同学们立刻拿出了练习纸，开始点起来。热闹了一会儿，有同学叫道：“老师，我好了!”

洋葱老师连忙过去，接过练习纸，放在展台上。萝卜老师道：“大家看仔细了，这样的标点对不对。”

雨，淅淅沥沥地下着，几把小伞匆匆地消失在街道的尽头。伞下，一队学生正匆匆忙忙向老师家的方向走去，老师家的门虚掩着，同学们一个个轻手轻脚地走进屋子，放下伞，走到老师的床前。

“不对!”反对的声音来自胡萝卜。

“哪里不对?”

“写雨是一个方面，雨写完了，就应该是句号。几把小伞怎么样，也是一个内容，写完了也应该是句号。伞下的同学怎么样也是一个方面，老师家的门又是一个方面，最后写同学们怎样做又是一个方面。”

“好，把你的练习纸传上来。我们来看看点得对不对。”

雨，淅淅沥沥地下着。几把小伞匆匆地消失在街道的尽头。伞下，一队学生正匆匆忙忙向老师家的方向走去。老师家的门虚掩着。同学们一个个轻手轻脚地走进屋子，放下伞，走到老师的床前。

“好，这个点对了！胡萝卜你很厉害呢！现在句号很高兴，有那么多的地方用得到它。不过，我想，有些同学可能不太明白，为什么用那么多的句号。你们看，”萝卜老师指着第一二两句道，“这里，第一句写雨，雨写完了，一句话就结束了，第二句转到另外的话题上去了，写几把小伞怎么了，第三句转到写学生了……也就是说，哪一句的主语变了，它的前面应该用句号。这样讲，你们是否理解了？”

“可是，主语是什么？”有学生问。

“哦，对哦！”萝卜老师忽然醒悟，“什么是主语你们还真不懂。我举例来讲吧，像这里的‘雨’‘小伞’‘学生’‘老师家的门’就是主语。这些主语变了，就说明一句话结束了，这时候就应该用句号。”

萝卜老师继续说："同学们，正确使用标点是写作文的基本功，我把它称为句读功，这就像学做菜的厨师，刀工是基础一样。希望同学们通过今天的讲座知道标点点在停顿处，句号点在一个内容结束之后。布置你们一个作业，今天回去，试着给一段话点点标点，看看你们听懂了多少。这段话我会复印好给你们。"

萝卜老师敲黑板

正确使用标点符号是作文的基本功。什么时候点标点？停顿的地方。停顿的地方点什么标点？那要看表达的内容。一个内容结束了，要点句号。

请给下面这段话加上标点：

群峰中最高的要数黄狮寨了寨顶有一片平地四周天然形成十多处观景台站在观景台上放眼望去张家界的美景尽收眼底我们来到一处叫点将台的地方朝下望是万丈深渊台的对面齐刷刷地屹立着大小八九座山峰像一个个虎背熊腰的威武将军在等待着出征的号令

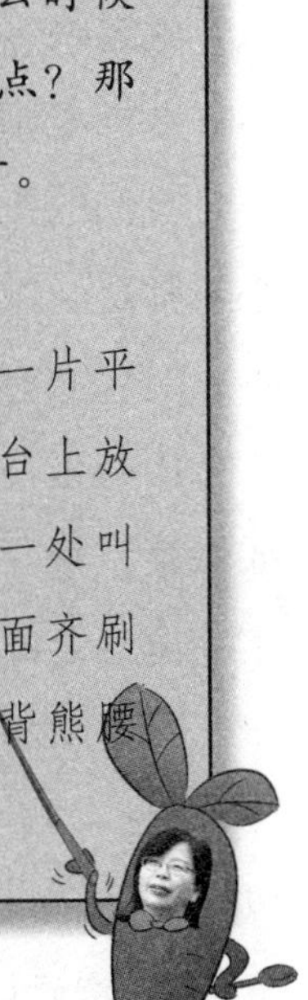

谁是最佳小厨师

学期很快就要进入尾声了，同学们的重点也马上要转移到对付考试上去了。萝卜老师想，这学期的做菜作文也该告一个段落了。这个段落怎么告呢？有了！既然我们把作文比作做菜，那么，就组织一次小小厨师赛吧，看看小厨师的厨艺有什么长进。

萝卜老师走进班级，道：“同学们，马上要进入复习阶段了，我们的作文就如做菜暂告一个段落。接下来我们来一次小小厨师赛，怎么样？”

“真的烧菜啊？”芋头问。

山药蛋马上说：“你傻啊？萝卜老师不是经常说，作文就如做菜。来一次厨师赛，就是要让我们写篇作文，然后评比。”

萝卜老师笑盈盈地夸道：“山药蛋解读很到位。”

“写什么有规定吗？”水萝卜问。

“没有规定，你想写什么就写什么，生活中的事都可以写。”

“写童话可以吗？”

“可以。”

“是现场写的吗?”

“不是，就算是这一周的周记吧，下周一交来。”萝卜老师说，“写之前还想啰唆几句。”

“萝卜老师，我们喜欢听你的啰唆。”萝卜丝这小马屁拍得老师十分受用。

“好了，开始啰唆了。小厨师们，做菜的时候，可不要把那些问题食材放进去。这个过去没有和你们说过，今天想起来了快点和你们说一下。”

“哪些是问题食材呢?”

“有虫子的，坏了的，没有洗干净的……出现在我们作文中的，就是有问题的词语或句子。比如，这一句，‘外婆家住在乡下，一走进村子，外婆家的花香就飘过来了’，你们觉得有问题不?”

“有！刚进村子，你怎么知道飘来的是外婆家的花香？难道村子里就外婆一户人家吗?”

“还有，这句‘外婆家住在乡下’有问题，要么是外婆住在乡下，要么外婆家在乡下。”

“嗯，火眼金睛呢!”萝卜老师夸赞，“还有这句，‘上课铃“丁零零”地响了’。发现问题了吗?”

这下，没有同学举手了。他们你看我，我看你，眼里写满了疑惑。

萝卜老师提醒：“我们的上课铃是‘丁零零’吗?”

“不是!”

“那你们为什么一写上课、下课就是‘丁零零’呢？你们在学校里根本没有听到过‘丁零零’的上下课铃声。”

辣椒高声道：“我们是从小学生作文选里看来的。”

“但是，你们都知道，我们上课的提示是音乐加提示语。你们不能不顾事实乱写。”

周一，小厨师的作品摆上了萝卜老师的案头。萝卜老师初选了一下，选出了八篇。

小 狗 飞 飞

萝卜丝

我家又多了一个新成员——小狗飞飞，我想，总得写点儿什么吧，不写好像冷落它似的。

它来自“启路”，我在数十只小狗中，独独选了它。它是个飞行员，是我十个备选职业中最喜欢的一个——穿上酷毙了的飞行服，开着酷毙了的飞机，在酷毙了的蓝天上翱翔，这真是一个酷毙了的事情！

其实，飞飞完全能出现在玩具店里，做个可爱极了的狗娃娃，但是，它特立独行，想当飞行员，有什么法子呢？

它原名“天天”，我觉得这名字太俗了，而且，跟我们班三个男生撞了名，所以，也没有征得它的同意，给它改名为“飞飞”。飞飞穿着粉粉的飞行服，戴着粉蓝相间的眼镜，水灵灵的大眼睛好像有眼泪要溢出来似的，像一个小妹妹，拉着你眼泪汪汪的，但眼泪总是掉不下来，真是惹人喜欢。眼镜旁的两只毛耳朵，让人控制不住想摸一下。最主要的是，它小巧玲珑，还不及我一个手掌大，这正符合了我的择物标准。

飞飞不仅眼睛传神，尾巴更是。它的尾巴像百合一样宽，像柳叶一样柔，跟它的耳朵一样毛茸茸的，不仅优雅，还很可爱。不愧是我的狗。

自从飞飞来到我家，我走到哪儿都会带上它。它陪我去上学，陪我去吃饭，陪我去睡觉……

“飞飞，你冷吗?”我摸着飞飞，“穿得真少。”

“汪汪，汪汪汪!”我学了五声狗叫，就当是我替飞飞回答了。

我自问自答，越来越感到有趣；“也对哦，你有毛，不怕。”

“汪——”

“饿啦?!”我把手缩回来，找着“狗粮”。当然，我找到了它也不会吃，所以就干脆不给它吃了。但是，就算我没有给它吃，它也会保持微笑。荣辱不惊，我真喜欢它。

我想我还是不要气它了，气多伤身，我还想让它多陪我一些日子呢。于是，我捧着它，走向了餐桌。

皇帝不急太监急

香　菇

我同桌芋头的作文迟迟不交，每天说忘在家里了，明天带来，结果，带了四天都没有带来。星期五，萝卜老师让他补写，让我看着他写。

下课的时候，他可能忘记了自己还要写作文，铃声一响，就冲到外面去了。我马上追出去："芋头！快回来写作文！不然，我告诉萝卜老师你不写作文。"

他一听到我要告诉萝卜老师，就乖乖地回来开始写作文。

我看他开始写了，就出去上个厕所。可是，等我回来的时候，芋头不见了。他才写了没几分钟啊，居然又跑了！我跑到走廊上，大喊："芋头！芋头！回来！写作文！"可我的话音还没落，上课铃就响了。唉！先回教室去上课吧，下课再让他写。

中午，休息的时间比较长，我看见芋头在位子上写作文。我看他还蛮乖的，就出去看同学们下军棋了。我看了一会儿，想回去看看芋头写了多少，可是，他的座位又空了！我找来找去没找到他，就站他座位旁，傻等他回来。过了好一会儿，才看见他满头是汗地跑回来。我问："你到哪里去了？为什么又跑了？"

他朝我笑笑，也不擦擦汗，开始写。这次，我不敢离开了，一直盯着他。他写得很慢，玩一会写一会儿。我真为他着急，恨不得替他写。

唉！真是皇上不急太监急啊！

我是梦境国仙女

生　菜

我是谁？我就是大名鼎鼎的梦境国仙女，你们每一个人做的梦都是我安排的。

你做的梦是怎么来的呢？很简单，看你这一天的表现喽！如果你是一个好孩子，做了一件好事，或者得到一次表扬，我就会送你一个快乐的好梦；如果你不是一个好孩子，做了一件坏事，欺负你的小伙伴，那我就让你做一个可怕的噩梦。

小红是一个爱学习的好孩子，她活泼可爱乐于助人，我就送给她一个紫色的梦，在梦里她获得了很多赞美，还被邀请参加市里组织的暑假好孩子夏令营。小红开心地笑了，笑得那么纯真，那么甜蜜。

小丽是一个爱运动的假小子，常常和男孩子们一起打球，一起跑步，我送给她一个绿色的梦。在梦里她是一位出色的警察，抓了很多罪犯，受到人们的好评和上级的表扬。

小妮是一个多才多艺的女孩子。她会唱歌会跳舞，还会弹琴，我送给她一个金色的梦，在梦里她是一位音乐家，在金色的舞台上表演节目，观众送给她热烈的掌声。

小涛常常欺负同学，上课也不遵守纪律，于是我决定送给他一个黑色的梦。可是我又想，要是把黑色的梦送给他，他还是会欺负别人；于是我把黑色的梦和红色的梦一起送给他。小涛在梦里遇到一只大灰狼，这只狼恶狠狠地追赶他。他害怕极了，这时，小伙伴们赶过来，帮他一起打跑了大灰狼。小涛梦醒后上学了，小伙伴们看到他很害怕，以为他又要来欺负人，没想到小涛走到大家面前，大声说“对不起，我错了，以后再也不欺负人了”，就这样，他们手拉手成了好朋友。

对了，时间不早啦，我该回去了，因为今天晚上还有好多梦等我回去安排呢。最后，送给你们一句话，好人才有好梦，祝大家都做一个好梦。

有四个分身的芦笋

嫩　姜

芦笋是我的同班同学，也是我的好朋友，他非常爱开玩笑。

有一天，放学排队的时候，他突然转过来对我说：“嫩姜，你知不知道？我有分身，一共是四个。”

“啥？”我惊讶地叫了出来。

“现在和你讲话的我就是其中的一个分身，”他一本正经地说，“我的真身在美国留学呢！”

“你开什么玩笑？”我才不信他那一套呢。

“没有啊，等会儿另外两个分身就会来接我回家。”他说。

我有点疑惑，问："你不是自己回家吗？我从来没有看到过其他三个分身。"

"他们是隐形的。"他回答我。

我向他投降："行了，我说不过你。"

每次和他开玩笑，我都是他的嘴下败将。

有一天，他说周日要到我家来玩。我就问他："你那天几点来，12 点吧？"

"行啊！我周日 12 点来找你。"他回答我。

"好，就这么定了。"

"好的。"他一脸诡异，"我周日晚上 12 点到你家来找你，你要给我开门的。"

"你又来！"我说，"能不能正经点？"

"好啊，我叫我的真身正经点。"

你说结束就结束啊？

芹　菜

星期天晚上，我们买东西回来，妈妈停车，我们上楼。爸爸一到家就躺在沙发上，突然，他似乎摸到了什么，说："哟，这把水枪挺好，送给我玩吧！"

我和妹妹望了望——呀！原来是妹妹最喜欢的小马水枪。妹妹一看，马上跑到爸爸那边抢："还给我，我的水枪啊！"

爸爸见妹妹冲过来，立刻把水枪举高。妹妹拼命往爸爸身上爬，爬到最后泄了气："哼，我叫妈妈再给我买一个！"

"不好，看情况爸爸好像要开枪了。"我在妹妹耳边轻轻地说，"我们躲到厨房里去吧！"说着，我们以最快的速度冲向厨房。咦，奇怪，爸爸怎么不来打我们？这不符他的性格啊。我刚偷偷地探出头去，一股水就往我脸上射来，顿时，我的脸上全是水，眼睛都睁不开了。原来爸爸早就躲在走廊后面了。

我对妹妹说："我们赶快躲到袜子篮那里吧！"谁知，这话被爸爸听了去。他拿着水枪一路追杀到袜子篮那边。好像没有地方可以躲了，怎么办呢？哦！我们可以躲到窗帘后面呀。可是，我们刚跑到窗帘那儿，爸爸就出现在阳台上，从背后射我们。我感到后背一片凉，连忙把我自己和妹妹卷进窗帘里，呀！不好！爸爸朝我们的脚上喷水了。

"哈哈，这儿有把伞！"我忽然发现边上有把伞，立刻把黑色大伞撑开。我们蹲在那把大伞后面，就像在盾牌后面一样。但是，道高一尺魔高一丈，我忽然觉得头顶一阵凉，爸爸居然从我们头顶上从上往下喷！我马上把伞举到头顶上。

"把伞收起来！"老爸命令。

"不收！"

"你收起来我就不喷你们了！"爸爸说，"快点！"

“好吧！”我收起了伞。

这时，我已经累得气喘吁吁，想去厨房喝口水，想不到爸爸在半路又袭击我，对着我一顿乱喷。我被喷得倒在地上滚来滚去，求爸爸：“把水枪给我，把水枪给我。”

“不行！”爸爸拒绝了，“你喷不喷我？”

我信誓旦旦：“不喷！”

“好吧，结束战斗。”他把水枪扔给我了。

我一拿到水枪，就开始狂喷爸爸。哈哈哈哈，中计了，你说结束就结束啊？

我的脑汁都用光了，能不好吗

山药蛋

呀呀呀，怎么办呀？我昨天准备把那个麻烦的作文留到最后完成，但是，我居然把它给忘了，组长已经在催交作业了，怎么办？怎么办呀？

“作文快点交呀！我的太太爷爷啊！你到底带没带呀？”组长不断地催着我。

我心想，怎么和她说呢？说没带？不行！老师说过没带就是没写；贿赂她？也不行，老师会查的。啊！对啦！我可以实话实说，告诉她我没写，叫她给我一本同学的作文本借鉴一下，对！就这样。

想到了方法，我就开始讨好她了：“我班伟大的……”没等我说完，她就打断了我：“停停停……直奔主题！”

我只好直接说："借我一本作文本看一下，我没写，借来借鉴一下，别忘了晚点交上去。"

"有贿赂吗？没有可不帮的哦！"组长一脸坏笑，说道。

我知道她想要我的电动橡皮擦，放在过去，肯定不会给，现在，我只好忍痛割爱，乖乖地交出了我珍藏已久的电动橡皮擦。组长这才把本子都给了我，让我一本本"借鉴"。我翻开第一本，看到这篇作文的主题是五星红旗，好像有点灵感了，打开第二本，主题是新中国，我一看，灵感立刻来了！抓起我的"热可擦"一顿狂写。马上可以结尾了，可我不知道怎么写了。

我又借鉴了几篇，这几篇的结尾和我写的都搭不上边，没法子借鉴，所以我一直都没动笔写结尾。早操过去了，第一节课过去了，第二节课过去了，直到中午，我的本子和全组本子都安安静静地躺在我的课桌中。直到下午第一节课，语文老师在讲台上说："今天是怎么回事，有一大组没交作文……"

老师唠叨的时候，我的灵感突然蹦了出来，我可以写祖国对我们的好。我赶紧奋力写下结尾，以极快的速度把本子都丢进组长的课桌中。组长反应极快，马上把本子交了上去，我组免了一顿骂。

后来讲作文，老师重点表扬了我的结尾。我心想，可不是嘛，这个结尾可把我的脑汁都用光了，怎么可能不好？

怎么可以这样呢

水葫芦

周末，我跟着爸爸去加班，坐在车里看着两边的景色。

当车子路过一个小区时，我突然停住了目光，因为这里看上去有点奇怪，一幢幢高高的楼房很新很漂亮，但是一个人都没有。我忍不住问爸爸：“这里不是挺漂亮的，为什么人们不喜欢?”

“你为什么认为人们不喜欢?”爸爸侧过头瞄了我一眼，问道。

“你看这里面一个人都没有，门口也没有人进出。”我理直气壮地说。

“别看没有人，这里的房子老早就卖完了，只是没有人住进去而已。”爸爸笑着说。

我更加费解了，追问道：“买好不去住肯定还是因为不喜欢吧，但是不喜欢为什么还要买呢?”

“因为他们想涨价卖给想住的人。”爸爸皱着眉头说道。我似乎有点明白了，但总觉得哪里不对劲，就比如，我很喜欢一辆车，可一个不喜欢它的人，抢先买了它，然后又加价卖给我，这样的话，我会气疯的。又比如，女生很喜欢芭比娃娃，我虽然不喜欢但还是抢先买了它，然后得意扬扬地要加价卖给那女生，一定会被大人们教育说这样做不对，不能欺负人，这样是不道德的行为。同样的道理，那些买了房子自己不住，又要去加价卖给别人的人，他们就是想赚钱吧，这对于那些真正要买来住的人是不是不公平呢？他们这样做是不是不讲理呢？我觉得很不可思议。

大人们有时真的很奇怪，他们常常给我们讲道理，但他们自己的世界却又总是没道理可讲。

我的果茶去哪儿了

蒲公英

29号那天，我本想趁妈妈不在家，偷偷喝杯果茶的，都已经下单了，谁知病毒突如其来，我竟然发烧了！

姐姐马上通知妈妈。

一会儿，果茶到家了，妈妈也已经在回家的路上。我跟姐姐就想了个办法，把果茶放在邻居家门口的角落里，不让妈妈发现。我们刚藏好，妈妈就回来了。

妈妈一回来就把我和姐姐带去了医院。虽然我人在医院，但心还留在果茶那里。医生给我量了体温，竟有38.6℃。我做了很多检查，检查做起来很快，可等结果却要四个小时。在这四个小时里，我睡了一会儿，在梦中我依然想着我的美味而香甜的果茶，醒来后我发现姐姐的裤子上全是我的口水。

回家的路上，我一直让妈妈开快一点，因为我想快一点看看果茶还在不在邻居家门口。车一停，我就飞快地跑回家，看它在那儿好好的，我心里一阵欢喜。毫不知情的妈妈看我像傻子一样开心，觉得很不可思议。

但是，怎么不让妈妈发现把它给喝掉呢？在洗澡的时候，我想了三个方案。方案一：晚上三更半夜趁老妈睡着了悄悄地去邻居门口拿，偷偷地把它喝完，把空杯子藏床下，第二天早上去楼下扔掉。方案二：假装去帮老妈扔垃圾，拿着果茶下楼快速喝掉。方案三：假装说要去姨妈家，在路上，把它喝了。我一边洗一边嘀咕着，妈妈很奇怪，问我："你嘀嘀咕咕说啥呢？"

"我念经呢！"我大声喊道。

我洗好澡，准备实施第二方案。我拿起垃圾袋，跟妈妈说："我去扔垃圾啦！"妈妈满脸微笑。可是，我打开门，发现我的果茶不见了！就在这短短的四十分钟内，它竟然不见了！我马上关了门，说："太累了，不去了。"

本来老妈很开心的，我这一说，她的脸就沉了下来。我没有时间理会老妈高不高兴，一直在想，它去哪儿了？为啥不见了，会不会被隔壁家小弟弟给喝了？我想得太入神了，魂不守舍，好像在梦游似的，老妈跟我说话我都听不见。

后来我躺在床上，还在想呀想呀，就是想不出它去哪儿了！

这次我们不敲黑板了，而是请你做一回小小品鉴师。请你认真品一品，上面八个小厨师的作品，你最喜欢哪一个？如果10分为满分，那你给这些作品各打几分？在你眼里，谁是最佳小厨师？

好，《作文就如做菜》到这里就告一个段落了。不知你愿不愿意做一下尝试，做几道家常“小菜”，然后寄给我们？非常期待哦！

作品请发送至邮箱：byy01@163. com。

图书在版编目(CIP)数据

作文就如做菜 / 卜雨音著. —上海：文汇出版社，2021.8

ISBN 978-7-5496-3617-4

Ⅰ. ①作… Ⅱ. ①卜… Ⅲ. ①作文课—小学—教学参考资料 Ⅳ. ①G624.243

中国版本图书馆 CIP 数据核字(2021)第 140581 号

作文就如做菜

作　　者：卜雨音
责任编辑：张　涛
特约编辑：张米来
装帧设计：李雪萌

出 版 人：周伯军
出版发行：文匯出版社
　　　　　上海市威海路 755 号　邮政编码：200041
经　　销：全国新华书店
印刷装订：上海颛辉印刷厂有限公司

版　　次：2021 年 8 月第 1 版
印　　次：2021 年 8 月第 1 次印刷
开　　本：890×1240　1/32
字　　数：110 千
印　　张：5.625

ISBN 978-7-5496-3617-4
定　　价：35.00 元